柳沢幸雄

18歳の君へ贈る言葉

JN230147

講談社＋α《プラスアルファ》新書

はじめに

日本の18歳は、世界で一番優秀です。

ハーバード大学の大学院で10年以上、その後、東京大学の大学院でも10年以上、そして現在は開成中学校・高等学校の校長として、国内外の学生を見てきた経験から言って、私は自信を持って断言できます。**日本の18歳の学力は世界中のどの国の学生と比べても高く、その知識量は世界に誇れる日本の財産です。**

これはなにも開成の生徒だけを指して言っているのではありません。私はいろいろな学校の生徒を対象にして公開授業を行っているのですが、どの学校の生徒に会っても「日本の高校生は本当に優秀だ」と感じます。

世界最高峰の大学のひとつと言われるハーバード大学に入学してくる18歳に比べても、日本の高校生のほうがずっと学問の基礎知識を持っています。さらに多くの高校生は自主的であり、自律性に富んでいます。

ただ、18歳の時点で世界一優秀だったはずの日本の学生たちが、40歳になってからも世界で一番優秀かと問われると、残念ながらイエスとは言えません。

それはどうしてでしょうか。理由は2つあります。

ひとつは、世界の大学が「入るのは簡単だが出るのは難しい＝出口主義」であるのに対して、日本の大学は「入るのは難しいが出るのは易しい＝入口主義」であるからです。せっかく世界一の頭脳を持って大学に入学するのに、そこからの積み重ねを行わないので、4年後には必死に勉強した世界各国の学生に抜かれてしまうのです。

入口主義と出口主義の違いは、単に学校だけの問題ではなく、文化の問題であると言えます。

出口主義では自分が身近に関わってきた人に対して、きちんと評価をしなければなりません。またその評価を誰がしたかが一目瞭然《いちもくりょうぜん》のもとで、評価をしなければなりません。一方、入口主義のときには評価を下すほうも、下されるほうも集団のベールに包まれていますから、評価を下すほうは自分が権限を行使しているんだという自覚、責任感から一歩距離を置くことができます。責任を避ける形で権限を行使しているのです。

もうひとつの理由は、ずっと右肩下がりの経済の中で生きているため、自分の将来がまったく見えずに不安を抱えている若者が多いことです。不安を抱えると、若者たちはチャレンジをしなくなります。しかも和を重んじる文化的背景がありますから、日本文化を理解できる賢い若者は大人社会に自分を同調させることを優先させます。加点を目指すのではなく減点を恐れ、事なかれ主義になり、出る杭《くい》にならないようにします。社会の空気を読んで、自分をその空気に染めようとします。賢い若者であればあるほど、実社会が求めることを敏感に感じ取り、それに合わせていきます。

しかし、閉塞《へいそく》感のある日本社会が求めているのは「元気のいい若者」であり、「現状を打開するエネルギーを持つ若者」です。

でもこれはおかしいですね。閉塞感のある社会を作ってきたのは、現在、実社会で仕事をしている大人です。大人たちが、身近に関わっている人々、その組織から閉塞感を取り除く行動を起こすことなく、集団のベールに包まれた次世代の若者に対して要求する。この思考回路は、自分の責任を問われない安全な場所から評論する・評価を下す入口主義の思考回路と符合しています。

ここにミスマッチが生まれます。

大人社会に自分を同調させようとした若者は、社会に歩み寄ったのにもかかわらず「個性が足りない」「主張がない」と就職活動で拒絶され何十社もの不採用通知をもらいます。そして、なんとか会社に入ったとしても「最近の若いものはやる気が足りない」「指示待ち族だ」などと言われてしまいます。

このミスマッチにさらされた結果、日本の20歳〜24歳は、世界でもっとも自己肯定感が低くなってしまいます（グラフ参照）。社会に羽ばたいていく時期の自己肯定感の低さは、その後のパフォーマンスにも影響していきます。

若者の自己肯定感（自分自身に満足している）

（1）全体

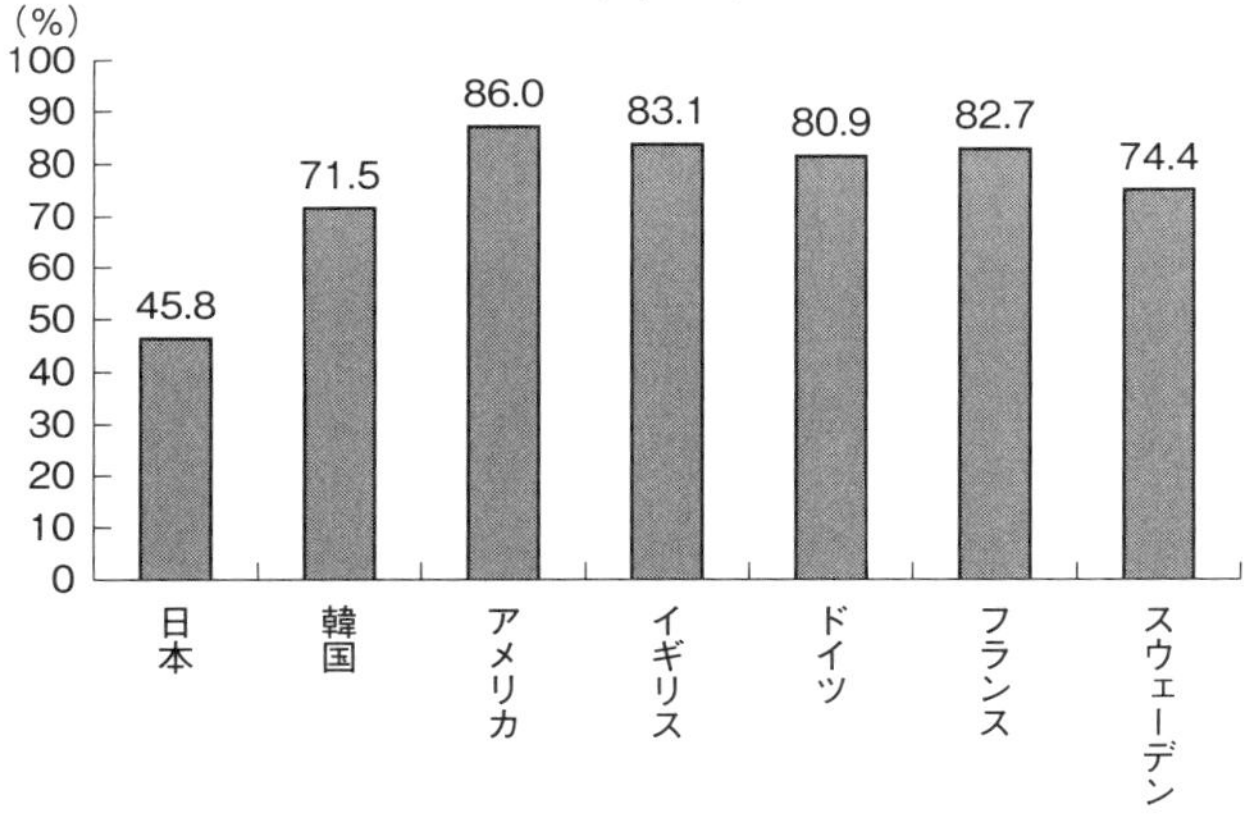

（2）年齢階級別

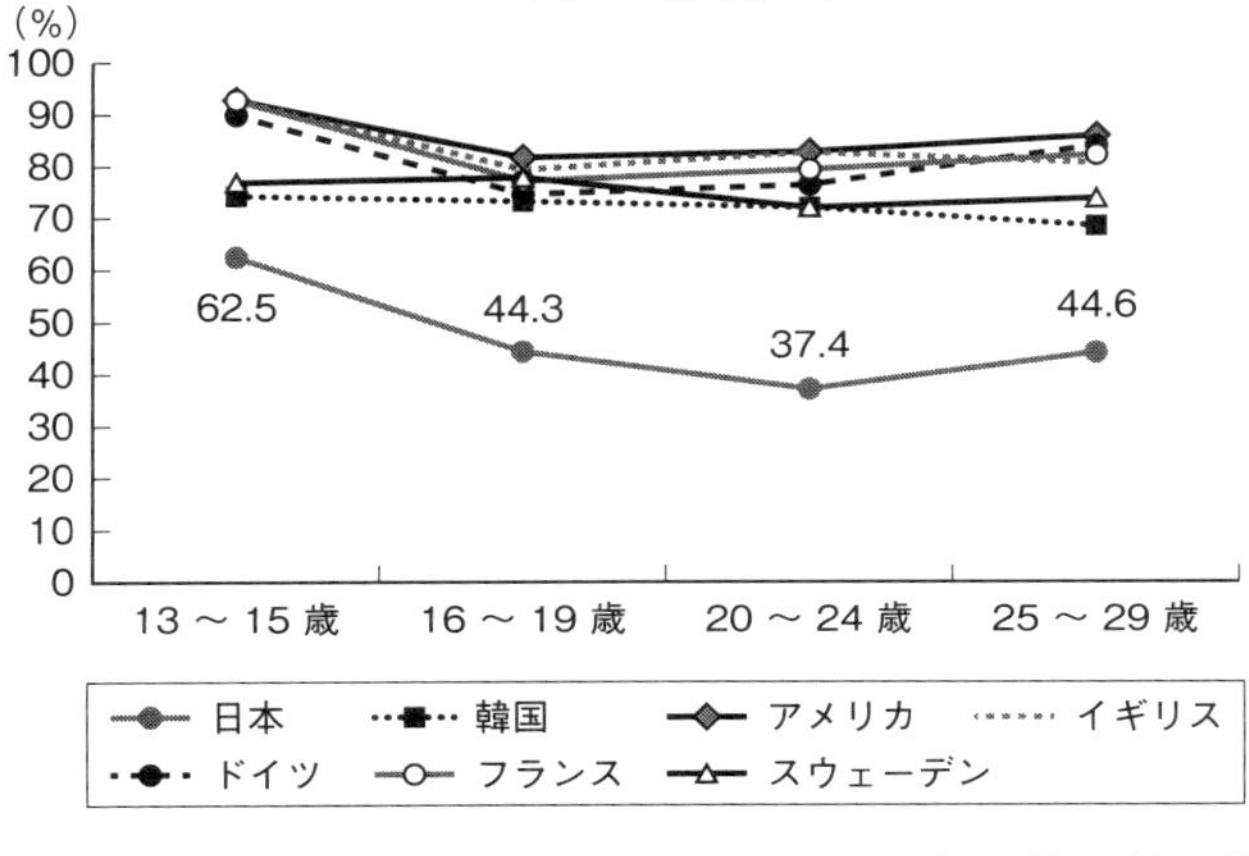

（注）「次のことがらがあなた自身にどのくらいあてはまりますか。」との問いに対し、「私は、自分自身に満足している」に「そう思う」「どちらかといえばそう思う」と回答した者の合計（平成26年版 子ども・若者白書／内閣府調べ）

そして、30歳、40歳になったとき、かつて世界一優秀だった日本の若者たちの多くは、その能力を伸ばすことなく目減りさせ、思うようにリーダーシップを発揮できなくなっています。とてももったいないことだといつも感じています。

しかし、私はいつまでもこの風潮が続くとは思っていません。

いまや日本経済は危機的な状況です。なんとか逃げ切れそうな団塊《だんかい》世代はまだしも、20年以上、ずっと失われた社会でジリ貧となった日本で生きていくこれからの世代は、いまこそ強いリーダーを育て生き残れる国を作らなくてはいけないと考えています。

日本に生まれれば一生安泰と言えなくなった時代だからこそ、変革が生まれる時期なのです。

そして、日本が変革していくために、一番貴重な資源は「世界一優秀な18歳」です。その才能を目減りさせずに伸ばし、社会で活躍させることが、日本が生き残っていける唯一の道とも言えます。

この本では、**世界一優秀な18歳がそのままのポテンシャルを持って社会で活躍するために必要な力**について考えていきます。

この本でお話ししていることの多くは、私が校長として入学式や卒業式、始業式や終業式などで折に触れ生徒たち、そして保護者の皆さんにお話ししていることでもあります。

若者に向かって呼びかけていますが、それは同時に大人に対して若者の力を目減りさせないように、伸ばすように実社会の担《にな》い手たちが自らの周りを見直し、行動するきっかけにしてほしいという切なる願いの表明でもあります。

真のリーダーシップを持ち、世界をリードする若者と、それを受け入れる大人社会が、日本を救う。私はそう考えています。

◉目次

第四章　持てるものの義務を果たす

第一章　リーダーシップを育む

高校を卒業するまでに身につけたい一番の力は
「自分に対するリーダーシップを発揮する力」です。
自分の進むべき道を自分で決め、自分で舵をとれる人生を送るためにも、
自分自身をリードできる力を手に入れましょう。

自分をリードする力を持つ

リーダーシップというと、ある集団のリーダーになり、その集団を引っぱっていく力と考える人が大半だと思います。

もちろん、そのようなリーダーシップを身につけることも重要です。

しかし、それ以上に大事なリーダーシップがあります。それは、「**自分自身をリードするリーダーシップ**」です。

人間は、実に多様な要素を持っています。その、自分の中にある個性やさまざまな側面を統合して、進むべき方向を目に見えるようにリードしていく。これが、自分自身をリードするリーダーシップです。

私はよく、中学や高校を受験する生徒に対して「いまの君たちの人生は未知である、まだ何も決まってないから無限の可能性がある」と言います。

けれどもよくよく考えると、その生徒たちは、20年後には無限の可能性を持っていません。例えば12歳の中学受験生が20年後、32歳になったときには、その可能性は無限ではなくて有限化しています。ただし、その一方で、具体性はどんどん増しているはずです。

その20年間に彼や彼女に何が起こったのかというと、無限の可能性から、具体性を選び取っていくというプロセスが積み重なっています。

この「**選び取る**」**行為こそが、自分自身に対するリーダーシップ**です。「自分はこれをやりたい」という意思のもとに、無限の可能性の中から道を選んでいくのですから。

この自分自身へのリーダーシップの発揮は、自分の心の中で起こることなので、外からは見えにくいものです。けれども、その基本的な行動の構造は、ある集団に対するリーダーシップと同じです。

集団に対してのリーダーシップの発揮は、烏合《うごう》の衆のようなとりとめのない集団構成員の意見から合意をうまく形成して、ある方向に向かって引っぱっていく行為です。

自分自身に対するリーダーシップは、自己という混沌《こんとん》とした無限の可能性を持っているものを、いかに具体性を持った形にまとめあげていくかという作業です。自分の心の中の作業ですが、その実態は集団におけるリーダーシップと一緒です。

「いや、私はリーダーシップなんてないです」「私はフォロワーとして人についていくタイプです」という人も、自分に対してはその免罪符はききません。自分の人生だけは、自分で舵《かじ》をとらなくてはいけないのです。

何かを選び取ることは、何かを切り捨てるということですから、その作業は、痛みをともないます。

選び取らなければ、いつまでも「自分はイチローのように活躍できるはずだ」と思っていられるかもしれませんが、それでもいつまでも成果が出なければ、どこかのタイミングでその夢は断ち切らなくてはいけません。いつまでも青い鳥症候群でいるわけにもいきません。

無限の可能性から有限の具体性に移すときに、**何を選べばいいかの基準は「自分が得意なこと」**です。得意なことというのは、具体的には、「何時間やっていても苦にならないこと」を選びましょう。

自分が何をやっているときに、一番楽しくルンルンな気持ちでいるかを考えましょう。

なんでもいいので3時間勉強してくださいと言われたときに、人はみな好きな科目から手を出します。それが、あなたの得意なことです。

それが何かは、実は自分以外の人からはなかなか見えません。本当に得意なものを見つけられるのは自分自身だけです。だから、自分自身へのリーダーシップだけは、どんな人でも必ず持たなくてはいけないのです。

あなたの無限の可能性を、有限の具体性に置き換えていくために、あなたはあなた自身にリーダーシップを発揮しなくてはいけません。

まとめ　自分の人生を選択するリーダーシップを持つ。

夢はトップダウンで決める

「すべてが自分の思い通りになり、何をしてもいいと言われたら、10年後のあなたは何をしていたいですか？」

この質問に対して、あなたが思い描いたことが「トップダウン」で決める夢です。私は生徒たちに、この「トップダウン」で夢を描くようにと伝えます。

「一級建築士になっていたい」「宇宙飛行士になっていたい」など、自分が向かうべき憧《あこが》れの対象、ゴールが見えれば、そこに向かって何をすべきかが見えてきます。

もし、あなたにとって、やりたいことが何なのか思いつかないのだとしたら、まずは、自分が何をやっているときに楽しいと感じるか、具体的には「**気づいたらこんなに時間が経っちゃった**」**と感じることを探しましょう。**それが、自分にとって一番楽しいことであり、「こうなりたい」と思う未来に一番近いことです。

時間を忘れて、夢中になって、没頭してしまうもの。それは、例えば、コンピューターゲームでもいいのです。

ゲームを5時間やってくたくたになったけれど、とても楽しいと感じるのであれば、どうせなら自分でゲームを作って儲けようと思うかもしれません。

例えば任天堂のWｉｉには、加速度計が搭載されています。だから、テニスができたりするのです。いまはそのゲームを消費している立場でも、いつか新しい仕組みのゲームシステムを開発する側になりたいと感じるのであれば、その目標に向かって突き進めばいいでしょう。

もしサッカーが好きでしかたがないのであれば、サッカーに関わる仕事を考えてみましょう。プロの選手として活躍できるのであればそれは素晴らしいことです。しかし、そうでなかったとしても、サッカーに関わっていく方法はたくさんあります。

チームの経営をする企業に就職して広報や営業あるいは社長として選手を支援してもいいし、スポーツドクターとして選手のサポートをする手もあります。ドクターになるためには医学部に行かなくてはなりません。そのためには、医学部を受験できる高校を選び、そのための中学を選ぶ必要があるでしょう。

このように、**最初に「トップダウン」で自分の夢、憧れを描き出したら、次に「ボトムアップ」で、自分はその夢をかなえるために、何を準備すべきかを考えます。**

ボトムアップというのは、その職業につくためにどのような道があるのかを考える作業です。自分がなりたい職業につくためには、具体的に大学入試や就職試験があって、それに受からないといけない。そのためには、いま、どんな勉強をしなくてはいけないかがわかってきます。

一方、ボトムアップだけでものごとを考えると、選択を誤りやすくなります。

例えば、高校時代にぐんと成績があがったので、自分の成績で受験できる一番偏差値が高い学部を選んで医学部を受験したとします。

これは、ボトムアップの考え方からすると一見正しい選択に見えますが、本当に自分がなりたい職業につけるかというと、クエスチョンです。

長い人生ですから、自分が楽しいと思えることでなければ、結局は続きません。

しかも、ボトムアップでものごとを考えると、合格が目的になるので、合格したらそこで燃え尽きてしまいます。

ですから、私は生徒たちに、まずはトップダウン、そしてボトムアップの順番で自分の将来を考えるようにアドバイスします。

両方の視点から、自分の人生を自らの手で設計していきましょう。

まとめ

夢はトップダウンで考える。
そして、それを現実にするためのボトムアップの方法を考える。

ギフテッドを大切にする

スポーツの才能を持ち、オリンピックやプロスポーツ選手を目指す生徒のことは誰もが応援します。練習熱心であれば彼らを褒《ほ》め、その才能を開花させるようにするでしょう。音楽や芸術の分野でも同様です。素晴らしい曲を弾けることや、卓越した絵を描けることは、羨望《せんぼう》の対象になります。

一方で、学問に対する才能を持っていて、勉強が大好きな生徒に対しては「ガリ勉」と揶《や》揄《ゆ》するのはどうしてでしょうか。これはとても不思議です。

例えば「東大エリート」という言葉を使うとき、そこにはネガティブなニュアンスが含まれることがあります。勉強ができることに対して冷たい視線を持つのは、なぜでしょうか。不公平があるように思います。

得意な分野が、スポーツであれ、音楽であれ、芸術であれ、そして勉学であれ、もし**天から与えられた才能を受け取ったのであれば、その「ギフテッド」を大切にしましょう。**

何時間も苦にならず練習ができることや、何時間も絵を描き続けられること、そして勉強が楽しくて、楽しくてしかたないと思う気持ちは、すべてギフテッドです。

あなたに与えられたその贈り物に誇りをもって、その分野を伸ばしていってください。

私は子どものころから勉強するのが大好きでした。

小さいころは身体が弱く、小学校の低学年のころは月に一度は入院をして、学校に行くのもままならないほどだったのですが、ものを考えることが大好きでした。

当時病気で寝ていた部屋の天井の桟《さん》が、マス目のように見えていたのですが、横に8マス、縦に9マスあったので、そのマス目を数えながら、自然と掛け算の九九を暗記していました。小学校に入学する前のことです。実際には2年生か3年生になって掛け算には9の段まであるのを知って、びっくりするのですが（笑）。

小学校時代は社会科と国語が得意でした。中学生になって理系科目、とくに物理は苦手で、開成中学3年の物理の試験で赤点をとったときに先生のところに「作用・反作用の概念がまったくわからない」と聞きにいったら原島鮮《はらしまあきら》の『高校課程物理』を薦《すす》められました。この本を読んだら、急に視界がクリアになって、物理がぱっとわかるようになりました。それで、物理にハマったのです。こんなにきれいに論理が展開するのだということに興奮したんでしょうね。この本のことは忘れることができません。物理が楽しくなったのを皮切りに、数学も楽しくなって、それで、理系になりました。

それ以外に中学時代にハマったことといったら、読書です。小学校時代は読書をした経験がなかったのですが、中学生になってからは1日1〜2冊読んでしまうこともありました。読んだ本はいまでもほとんどとってあるので、引っ越すときには毎回苦労します。いまでも手放さない理由は、自分で文章を書くにあたって、過去に読んだ本から引用したいと思うときに、すぐに確認したいからです。

物理と数学と読書は、本当にどれだけやっても苦になりませんでした。それは、私にとってのギフテッドだったと思います。

スポーツでも、音楽でも、芸術でも、そして勉学でも、自分にとってどれだけやっても苦にならないこと、楽しいことを見つけて、育てましょう。

その**得意分野を育てることは、自分のためだけではなく、社会のため**にもなります。どの分野でも、その分野を極めた人たちが、それまでの記録を更新し、新しい発見をし、社会に貢献しているのです。

まとめ　分野を問わず、自分に与えられたギフテッドを大切にする。

リーダーは自分で手を動かさない

先日、中高一貫の進学校の教育を受けた生徒たちの、その後の活躍について研究した書籍が発売になりました。

その書籍の中で、開成の卒業生にもいろいろなアンケート調査が行われ、その傾向が分析されていたのですが、それが実に興味深い内容でした。

中でもおもしろかったのが、**大人になってからリーダーシップをとれている人材は、高校の在校時代に、学校行事のリーダーシップをとった人材である**という結論でした。

一方、同じリーダーとして活躍した人でも、部活動の部長などをやった人は、社会に出てから必ずしもリーダーとして活動しているわけではないというのです。

開成には部活動が約70もあってとても活発に活動しています。その部活動に集まる人たちは、言ってみれば同じ穴の貉《むじな》です。同好の士だし、利害も一致しているので、あまり意見の対立はありません。

一方で、学校行事でリーダーシップをとるためには、2100人の生徒全体を取りまとめなくてはいけません。

例えば、運動会の準備委員長であれば、生徒全員の合意形成をしなくてはいけません。そこには意見の異なる生徒もいます。なおかつ、学校行事は期限の決まったプロジェクトです。5月の第2日曜日に運動会をやると決まっていて、これはまさに社会の仕事でいえば納期が決定している状況です。

そこに向けて、生徒たちを取りまとめていくのは、まさに社会のなかでのリーダーシップのいいトレーニングになります。

手前味噌ですが、私もこの学校で文化祭の準備委員長をやり、とてもいい経験になりました。

私がそこで学んだことは何かというと、「**リーダーは具体的な作業をやってはいけない**」ということです。

自分自身が一生懸命動き回って作業していると、それだけで仕事をやっている気分になります。外からの見栄《みば》えもよく、格好がつきます。

しかし、それはリーダーがはじめにやるべき仕事ではありません。リーダーがまずやらなければいけないのは、メンバーに過不足なく仕事を割り当てることです。割り当てるとき、その仕事が全体の中でどのような役割を担っているか、深く理解できるように説明することが大切です。仕事の配分に失敗するとメンバーは「自分はやることがない……」と考えて、意欲がそがれてしまいます。それは、私自身が身をもって感じ、反省したことです。

リーダーは自ら忙しく動くのではなくて、しっかり鎮座して周囲を見渡し、みんなに過不足なく仕事を配置していかなくてはならないのです。

そのうえで、どうしても労働力が不足しているところには、自分が手伝いにいく状態を作るのが本当の意味でのリーダーシップです。

何もしないで座っていることは、非常に居心地の悪いことです。実際に頭の中では、仕事の割り振りを考え、適材適所で人材を起用することを考えているのですが、その頭の中の動きは周りの人たちには見えません。

運動会に使う大道具であっても、トントンカンカンやっているほうが、ちゃんと絵ができあがり、目に見えて成果が出ます。

でも、目に見えることを評価する社会の中にあっても、目に見えないところで考えをめぐらせるのがリーダーなのです。日本の文化は、そのようなリーダーをなかなか評価してくれませんが、だからといって自分がカナヅチを持って作業をして、本来の役割である全体の仕事の配分を考えなければ真のリーダーになれません。リーダー自身が忙しく体を動かしていると、不思議なもので必ず反乱が起きます。「俺は暇《ひま》だよ、何もやることがない」という仲間が出てくるのです。

リーダーとは、自ら動いてはいけないものである。高校時代にその経験をしたことは私にとってとても大きな財産になりました。

まとめ　社会の縮図である高校で、リーダーシップをとる経験を持つ。

早めに負ける経験をする

高校時代にできる一番役に立つ経験は、「負ける」経験です。

それは恋愛でもいいですし、スポーツでもいいのですが、若いうちに「負ける」経験を繰り返ししておくと、その後の人生が生きやすくなります。

社会に出てから幸せに働いている人は、自己の評価と社会の評価が近い人であることがほとんどです。自己評価がむやみに高いと、社会の評価の低さに気づいたとき、愕然《がくぜん》として自信を失ってしまいます。もしも、自己評価に比べて社会の評価の低さに気づかなかったとしたら、あなたの言動は人から傲慢《ごうまん》に見えることでしょう。

逆も同様です。自己評価が低く、社会の評価が高い場合は「優秀なのに卑屈な人」と映ってしまいます。

いずれにしても、**自己評価と社会評価のギャップは、大きければ大きいほど、生きにくくなります**。そして、歳をとればとるほど、自分の評価を客観的に見ることは難しくなっていきます。自己評価と社会評価のギャップに気づく経験は、できるだけ若いうちにしておいたほうがいいでしょう。

では、自己評価と社会評価を一致させるためには何が必要なのでしょうか。私はそれが「負ける」経験だと思っています。

よく、開成中学、高校に入学してくる生徒の親御さんに「部活にあけくれていて、勉強のほうは大丈夫でしょうか」と相談をされますが、私は「中高時代に部活動をしないで、何をする」と思っているほど、部活に賛成です。実際に開成の生徒たちの部活動加入率は非常に高く、また、部活に力を注いだ生徒ほど、引退後の勉強の伸びは大きくなる傾向があります。

そしてなにより、部活動は、「負ける経験」ができる貴重な機会になります。負ける経験をしている人は、その後の人生でも自分と社会の評価のギャップを埋めることに長《た》けています。**負ける経験をしている人は、自分に対する社会の評価を客観的に見ることができます。**部活でこの「負ける経験」をすることは、これからの人生に必ずプラスに働きます。

もちろんこのギャップを埋める体験は、部活動だけには限りません。勉強でも、「負ける」経験はとても重要です。

開成に入学してきた生徒たちは、小学校時代は「神童」と呼ばれていたような子たちがほとんどです。ですが、中学に入学して「上には上がいる」という「負ける」経験をはじめてします。これが、とても大切なのです。

上には上がいると認められるところから、**自分が活躍できる場はどこだろう、自分の居場所はどこだろう**と考えるようになります。一度負ける経験をした生徒は、自分を適切に評価でき、人を妬《ねた》んだり、自分を卑下したりすることなく、自分を輝かせるための正しい努力ができるようになります。

アメリカには、この「負ける」経験を、高校時代に効果的にさせる制度があります。それが、大学入試で必要になる、SAT（大学能力評価試験）の点数です。

現在、日本の大学入試は一発勝負です。ですが、アメリカでは何度でも受けることができるSATの点数が合格の基準のひとつになります（それ以外にも、高校時代の成績や、部活動に相当する課外活動の実績も考慮されます）。

このSATは、TOEFLのように、納得がいく点数が取れるまで何度も受験し直すことができます。そして、自分が大学に提出したい点数を取れたときに、大学に願書を提出できる仕組みです。

日本の入試のように、一発で決まる試験だと「当日の体調が悪かった」「運が悪かった」など、自己評価を修正できないまま自分の責任を社会に転嫁《てんか》することができますが、ＳＡＴのような試験であれば、何度チャレンジしても点数があがらなければ、「これが自分の本当の実力か」と納得することができます。

何度も受け直しができる試験だといっても、永遠に受験し続けるわけにはいかないですから、ある時点で自分の実力を認め、自分への評価が過大であることを認めることになります。これを高校生のときに経験すると、自己評価と社会の評価のすり合わせができ、その後の人生でもそのギャップを感じることが少なくなります。

日本の大学でも、ＳＡＴのような制度を導入しようという議論がされていますが、私はこれに賛成です。

まとめ　**恋でも部活でも勉強でも「負ける」経験をして、自己評価と社会の評価をすり合わせる。**

早熟も大器晩成も結局同じ

中学生、高校生の発達は、本当に千差万別です。自分が得意な分野を見つけることに長けている子もいれば、それを探すのに時間がかかる子もいます。

中学1年で雷に打たれたように自分の向かう道が見える人もいれば、高校2年になって、「ひょっとしたら、これがそうかな……」とゆっくり自分の進むべき道を見つける感じの生徒もいます。

中学から高校にかけての時期は、体の発達も心の発達も個人差が大きい時期なので、同級生といっても、まるで話がかみあわないこともあるでしょう。

ですから、友達が何かすでに確固たる目標に向かっていたとして、自分にはまだピンとくる将来像が見えてこないことがあっても、そんなに心配しなくて大丈夫です。むしろ、後になればなるほど、ピンとくる体験が大きな衝撃となって響いてくるものなので、焦《あせ》る必要はありません。

その点、開成のような中高一貫校は、年齢に幅のある上級生、下級生がいることで、いろいろな段階の将来像の描き方に触れることができていいかもしれません。

世の中には、早熟なタイプもいますし、大器晩成型もいます。それは、どちらであってもいいのです。

結局、30歳になったときは、誰もが自分の進むべき道を見つけて邁進《まいしん》しています。**学生時代のスタートが早いか遅いかは、それほど大きな問題にはなりません。**

早熟なタイプは一見早く自分の道が見つかってよいように見えるかもしれませんが、そのぶん自分が選んだ進路に対して、頭だけが先に走って体がついていかないので、しんどい面もあります。

ただし、早熟であるほうが有利な分野もあります。音楽や芸術、数学や物理など、論理よりも直感を必要とする分野は早熟であるほうが有利かもしれません。

逆に、左脳を使って論理を構築していくタイプの学問や、環境学のように社会経験、生活実感を必要とする学問分野は、大器晩成型のほうが、知識量が多い状態で取り組むことができるので、早熟型よりもまとまった見解を持つことができる利点もあります。

自分が進むべき道に出会う瞬間は、誰にもわかりません。

それは言ってみれば、恋人と出会う瞬間のようなもので、誰にもコントロールできないのです。ですから、焦らず、いつか自分にその時期がくるときまで、できる限りの力をつけておきましょう。

私自身は、卒論で公害問題に対する研究をしたものの、一度は社会に出て、システムエンジニアとして3年働いていています。システムエンジニアとしての仕事は、忙しいなりにも充実していました。しかし、就職してから見た水俣《みなまた》病患者の写真がきっかけで、もう一度大学で公害について研究したいと、大学院に戻ることになります。

結果的には、それ以降、私は公害の研究で修士論文と博士論文を書き、そのテーマでハーバード大学で教え、東大でも教鞭《きょうべん》をとることとなりました。

私が、雷に打たれたようにその後の進路を決める決断をしたのは、20代後半になってからです。その決断が遅かったとはいまでも思っていません。

一度社会に出たからこそ、大学に戻ることの意義を強く感じることができましたし、研究で身を立てていくことへの覚悟も決まりました。仕事をして稼ぐことの難しさを知っていたからこそ、ハーバード大学の「研究費は自分で研究提案をして稼ぐ」というやり方にとまどわなかったし、相手の立場に立って価値を提供することが自分の給料となると知っていたので、ハーバード大学でもベストティーチャー賞を何度も受けることができたのだと感じています。

自分が進むべき道を見つける時期に、早いも遅いもありません。早熟型でも晩成型でも、社会で活躍する人材になることは可能です。

まとめ

人にはそれぞれのタイミングがある。
早熟型であっても、晩成型であっても、人と比べる必要はない。

自省ができると自分を信じられる

高校3年生が卒業するとき、私は必ず、「入学したときを思い浮かべて、自分を振り返りましょう」と伝えます。

自分のこれからを考えると心配になることはたくさんあります。あるいは、自分の周りの優秀な人間と自分を比べると自信を失うこともあります。世の中にはできる人間はたくさんいるし、「一生かなわない」と思う人にも出会います。この分野が自分には向いていないのではないかと悩むこともあるでしょう。

そんなときこそ、1年前や3年前、6年前の自分と比較してみるのです。**過去の自分といまの自分を比較したら、必ず自分は成長しているはず**です。

よく「自分探しの旅」といって、世界を放浪する人がいますが、なにも世界を旅しなくても自分探しはできます。

ちょっとタイムマシンにのった気持ちで3年前の自分に戻ってみると、何が変わったかは一目瞭然です。

そしてその変化を振り返りながら、どの分野がもっとも成長しているかを考えてみましょう。**もっとも大きく成長した分野が、自分の得意な分野**だとわかります。とくに、その分野に関して自分があまり苦労せずに成長しているのだとしたら、そこはあなたの強みになる可能性が高いでしょう。

結局、人の成長は、その分野に費やした時間、練習した量が成果として積み重ねられたものです。きついと思いながらやった練習は、それほど長い時間頑張れないはずです。でも、楽しみながらやっていると、自然と練習量が増えます。ですから、苦労せずに成長できた分野は、これからも楽しみながら学んでいける、あなたに向いている分野と言えます。

野球のイチロー選手は、子どものころ毎日バッティングセンターに通っていたと言われていますが、嫌いだったら続けられなかったでしょう。テニスの錦織選手も同様です。あれだけの練習をするから時速200キロのサーブが打てるようになったのです。もしイヤイヤ練習をしていたら、それだけの技術を身につける前に潰《つぶ》れていたはずです。

イチロー選手や錦織選手のように、誰もが自分の好きなものがあるはずです。そして、その**好きなものを選び取って、磨きをかけていく力**こそが、先ほど話をした自分へのリーダーシップの発揮のしかたです。

好きなものに対する積み上げは、人をその分野の専門家や第一人者に導いてくれます。

自省は、将来への展開の方向性を知るための、指標を見つけること。自分が何に向いているのかは、過去と現在を比較して、自省してみればおのずとわかります。

未来の自分に不安を持つのではなく、人と比べて落ち込むのでもなく、過去の自分といまの自分を比べて、その成長分野に目を向けましょう。

あなたに向いている道は、あなた自身のなかに、既《すで》に答えがあるのです。

まとめ 周りを見て自分を評価しない。過去の自分からの成長を見る。

第二章　本当の多様性を身につける

ここでは、大学時代をどのように過ごせばいいかについてお話しします。
世界一の頭脳を錆びさせず、
社会人になったときに「稼げる力」を持つ人材になれるかどうかは、
大学での過ごし方にかかってきます。

大事なのは入口ではなく、出口

大学に合格したら、それはゴールではなく、スタートだと考えましょう。

日本の学生は、大学入学時には世界一優秀です。これは、大学入試で求められる知識のレベルが世界でもっとも高いことが大きく関係しています。そのかわり、大学に入学さえしてしまえば、よほどのことがない限り卒業できるので、「大学合格＝ゴール」と考え、それからの時間をまったく勉強せずに卒業してしまう学生も少なくありません。

例えば、ヒアリングが求められるようになった英語のセンター試験を超えてきた学生たちは、大学入学時には英語力が高いのですが、その学力を維持しなくてはいけないシステムがないので、日本の大学生の英語力は入学時がピークでどんどん失われていきます。

本来、学業の到達度のチェック機能になるべき単位修得も、日本の大学は容易です。東大でも「シケ長」と言われる試験対策担当の学生がいて、同級生にノートのコピーや過去の試験問題をまわしたり、試験対策をマニュアル化したりしています。簡単に単位をくれる教授の名前がシェアされ、厳しい評価をする教授の講義は人気が低くなります。

このように、厳しい入学試験で学生を振り分け、しかしいったん入学した後はさほどの苦労をせずに卒業できる日本の大学のシステムは「入口主義」などとよく揶揄されます。そして、この**「入口主義」こそが、優秀な日本の学生たちの能力を目減りさせていく大きな要因**だと私は考えています。

一方で、海外、とくに欧米の大学は、徹底した「出口主義」です。

そもそも、アメリカの大学の入学試験は一斉試験ではありません。先ほども触れたようにSATやTOEFLのような何度でも受けられる共通テストで自分が納得する点数に至ったら希望の大学に願書を出すのです。入学に際しては、テストの成績と、高校時代の成績、そしてどのような課外活動をしたかを見られます。アメリカの学生が、積極的にボランティアやNPOでの活動を行うのはそのためです。

入学時の学力レベルはそこまで大きく重要視されません。入口は広く間口をとり、大学で勉強した結果、成長していけばいいという考え方をします。

例えば、理系大学の世界最高峰と言われる、アメリカのマサチューセッツ工科大学ですら、入学してすぐに微分積分を教えます。私が見学に行ったときには、ティーチングアシスタントの部屋に入ると、洗濯物のように模造紙がずらーっと並んでいて、そこには授業で出された微分積分の演習の解答が書かれていて、学生たちが自分の解答と照らし合わせをしていました。

日本で国立大学を受けているような学生なら、高校時代に解いている問題も、入学してから勉強します。

多くの大学は、入学したときには、文系、理系の別もありません。必ず一人ひとりにアドバイザーがついて、その人と相談しながら履修科目を決定していきます。先ほどの例で言えば、微分積分はすでに履修していて不要と見なされれば、どんどんスキップしてアドバンストコースに進んでいきます。逆に履修が滞《とどこお》れば、容赦なく落第していきます。

授業の一番初めに宣言される成績評価基準（Grading Policy）に基づいて、基準通りに成績がつけられます。宣言された基準通りに成績をつけることは、公正さ（Fairness）を維持するうえで欠かすことができません。基準を踏み外してお情けで点をつけると、不公正な行為とみなされます。成績が低いとその後の就職にも響くので、転学していく人も少なくありません。

入口はゆるく、でも、出口は厳しく。この「出口主義」がアメリカに代表される欧米の大学のスタンダードです。

もしあなたがこれからの社会で生き残る人材になりたいと思うのであれば、**世界各国の大学生は、大学に入学してからこそ、必死に勉強している**と知っておいてください。この意識があるかないかだけでも、大学時代の過ごし方は変わります。

まとめ　大学は入るまでが勝負ではなく、出るまでが勝負。

変化に対応できるものが生き残る

先ほど、日本の大学は「入口主義」であると言いましたが、今後は変化していく可能性もあります。

というより、変化せざるをえない状況が起こる可能性が高いと私は考えています。

大学に限らず、どんな組織であったとしても同様ですが、**組織が変わるのは、「外圧」が働いたとき**です。

日本の大学の場合で言うと、卒業生に対する企業からの外圧、国際社会からの外圧、進学してくる高校からの外圧がかかると、それまでずっと変わらなかった仕組みや風潮も大きく変わる可能性があります。

例えば、国際競争を生き抜くために優秀な学生を採用したいと考える人気企業の多くが、「ＴＯＥＩＣ８００点以下の学生は採用しない」と宣言すれば、大学の講義構成も大きな影響を受けます。

日本でも、国家試験に合格しないと資格が得られない医学部や法学部の学生は、大学時代にしっかり勉強します。これは資格という外圧があるからです。

今後、いよいよ競争が厳しくなる日本の企業からの外圧があれば、日本の大学の「入口主義」も、あっさり変わり、欧米的な「出口主義」になる可能性もあります。

また、２０１５～２０１６年の「世界大学ランキング」（英タイムズ・ハイヤー・エデュケーション調べ）で、東大は２０１４～２０１５年の23位から大きく順位を落として43位、京大も59位から88位となりました。東大は、同じアジアのシンガポール国立大学（26位）や北京大学（42位）にも順位を抜かれ、このことが大学関係者に大きなショックを与えました。

東大や京大のランキングは、とくに「国際性」の項目で厳しい評価を受けての転落です。折しも、２０１４年に、文科省が全国の30大学を、スーパーグローバル大学として認定し、徹底した国際化を進めて世界レベルの教育を行うと宣言し支援をはじめたばかりのランキング降下でした。

このような国際的な評価を受けたことを重く受け止めた大学側も文科省も、より、グローバルで評価される大学改革に取り組まざるをえないでしょう。評価が下がれば下がるほど、世界から優秀な教授と学生を呼ぶことが、より難しくなるからです。

さらに、日本の優秀な高校生の流出も外圧になります。トップ高の生徒たちが、東大ではなく、海外の大学を目指すようになれば、人材流出を食い止めるために、より魅力のある大学づくりを意識せざるをえません。

日本の大学は、これから大きな変革の時期を迎える可能性があります。

もしあなたが大学生だったとしたら、大事なのは、いつでも変化に対応できる準備をしておくことです。

具体的にすすめたいのは、**読書の経験、しかも「小説」を読むことをおすすめ**します。

高校を卒業する18歳の時点で、あなたたちは15万7680時間しか人生を生きてきていません。これは私の生きてきた時間から比べると4分の1程度です。それしか生きていないのですから、経験が少ないのは当然です。

その経験の少なさを埋めるのが、「人の人生を経験してみる」行為、つまり小説を読む行為です。

名だたる企業のリーダーになっている人は、必ずといっていいほど歴史小説を愛読しています。これは、歴史小説を読むことによって、時代も空間も超えて、偉人の疑似体験ができるからです。

人は、前に経験したことであれば、その経験にもとづいて的確な判断ができます。経験値が低かったとしても、読書でその経験値を増やしていけば「自分が生きた時間」を増やすことができます。

まとめ　**いまいる環境にしがみつくのではなく、変化に柔軟になる。**

競争に身を置く勇気を持つ

大学生活では、「自分に厳しい環境」ほど大事にしましょう。

日本の大学は、単位修得や進級に対するハードルが低いということはお話ししたとおりです。日本の学生は、一度18歳で大学受験という厳しい競争にさらされます。ですが、その後の大学生活では、自ら求めない限り、競争環境はなくなります。一度入学したら苦労せず卒業できるその環境に甘んじて、楽なほうに楽なほうにと流れていくと、ずっと自分を伸ばさない状態で大学を卒業してしまうことになります。

もちろん、他人との競争もなく、周囲の空気を上手に読みながら、ストレスの少ない大学生活を送っていることが一概に悪いとは言えません。ですが、自分と近い考えの友人とつるみ、容易に単位をとれる教授の講義を受講し、卒業まで一切の競争がない状態にいると、気づかないうちに自分の慣れ親しんだ居心地のよい世界に染まるようになってしまいます。

そして、居心地のよい小さな世界の中で自由を謳歌《おうか》してきた大学生たちは、突然大きな壁にぶちあたり、自信を一気に失います。

それが、就職活動です。

それまでは、周囲が磁石のS極であれば、常に自分がN極であるようにふるまい、周囲とべったりくっついていればうまくいきました。そこでは自分をカメレオンのように自在に変化させられること、つまり「特定の色がないこと」は、優位に働きました。ですから目立たないように身なりを整え、同じようなリクルートスーツを着て就職活動をスタートする。

そして、そこで初めて、社会は大学などの学校の中とは違うルールで動いていることを知るのです。就職活動では「色がない」ことを理由に企業から蹴《け》られます。相手がS極だと思ったからN極のようなふるまいをしたのに「うちは営利企業ですよ。あなた、競争に勝ち残れますか？」と聞かれてしまうのです。

「こちらが歩み寄り、同調しているのに受け入れられない」初めての経験というわけです。何社、何十社と門前払いをくらううちに、心が折れてしまう人もいます。折れないまでも、プレッシャーとストレスで多くの学生が自信を喪失します。

いざ社会に出ようとするときに、突然ストレス耐性を身につけようとするのは困難です。

ですから、私は学生たちに「**競争を求められることを怖がるな**」と伝えます。**あえて厳しいアウトプットを求められる環境に身を置くこともひとつの手**です。

ハーバードの大学院でも東大の大学院でも、私の研究室では、結果的に3分の1くらいの学生は最短年限で卒業できませんでした。ハーバードではそれは特別なことではありませんでしたが、東大では「厳しい教授」と思われていたでしょう。

私の研究室はそれを知ったうえで入ってくる学生ばかりでしたが、それでも卒業のレベルに到達していなければ、容赦なく卒業を延期していました。

もちろん、それまでの間には何度も指導をします。修士1年の段階で個別に面談し、「いまの状況がずっと続くと先の成績はFランクだと想定される」などと伝えます。3ヵ月後の面談でも伸びていなければ「このままでは落第するよ」と伝え、実際に卒業時までレベルがあがらなければ、たとえ就職が決まっていても卒業させません。半年なり1年なり卒業を延ばして、アウトプットのレベルが合格ラインに到達するまで研究室に残ってもらいます。

あえて厳しい環境に身を置くことは、自分のアウトプットのレベルをあげることになります。単位がとりやすいから、授業に行かなくてもいいからといった理由で、競争を避けていると、いつかそのしっぺ返しがきます。

就職活動で突然社会の厳しさに対峙《たいじ》するのではなく、学生時代こそ、厳しい環境に身を置く勇気を持ってください。

まとめ

楽なこと、同調しやすいことだけを選ぶのではなく、厳しい環境を選ぶ勇気を持つ。

部分最適→全体最適を考える

お話ししたように、私は大学院生を卒業させるためには、ある一定のレベルに達していることを求めてきました。

私がこのような（日本の大学の教授としては）厳しい評価をするのは、なにも学生たちをいじめたいからではありません。そうすることが最終的に「全体最適」につながると考えているからです。

例えば車を作るときに、エンジンやライトやハンドルなど、それぞれ最上級のパーツを集めて作ったからといって、良い車ができるとは限りません。

逆に、それぞれの特徴がぶつかり合って、全体としての良さが消えてしまうことはよくあることです。部分部分を個別に最適化しても、全体が最適な状態になるとは限りません。ですから常に全体を俯瞰《ふかん》して見て、そのうえで最適なパーツを作る必要があります。

それと同じで、狭い世界だけを考えて行動するのであれば、全員の成績表にAをつければみんながハッピーになります。私自身も学生に恨《うら》まれませんし、一見いいとこだらけに見えます。

しかしこの方法は「部分最適」ではあっても、大学という組織「全体」を考えると最適とは言えません。全員にAをつけるというやり方では、頑張る人がいなくなってしまいます。グレシャムの法則のように悪貨が良貨を駆逐《くちく》してしまい、組織をぐずぐずに腐らせますし、ひいては大学の競争力を落とす結果にもなります。常に全体最適を考える目線が必要です。

ハーバード大学では、卒業できない学生が出てくることはザラでした。

たとえ卒業したとしても、成績があまりにも悪すぎると就職試験に響きますから、やむなく大学をチェンジして学位をとり直す学生もいます。それは、在学中の学生にとっては厳しいハードルと言えるかもしれません。

しかし、社会に出たときはどうでしょうか。「あの厳しいハーバードで学位をとった」ということは、その人の人生に大きくプラスに働きます。

さらに、学生時代にしっかりと勉強した卒業生たちが「ハーバードを卒業した学生は優秀だ」と社会から評価されると、より大学の価値があがります。大学の価値があがれば、自分の学位の価値もあがっていくことにつながります。

一方で、もし、ハーバードが卒業の基準を低くし「ハーバードを出たとしても優秀ではない」と思われたら、その学位は価値の低いものになってしまいます。

低い基準で学生を卒業させるという選択は、結局のところ、ハーバードの卒業生の首をしめることになります。だから、大学は高いハードルを用意して、容赦なく落第の印をおしていくのです。

私が**「部分最適」を選ぶのではなく「全体最適」を考えるべきだ**と言う意味がわかってもらえたでしょうか。

大学時代という「部分」だけを考えれば、楽でストレスのない時間を過ごしてもいいでしょう。

しかし、あなた自身の人生「全体」を俯瞰したときは、あえて厳しい選択をする、あえて競争のある場所に身を置くことも、意味のあることです。

まとめ

いまの自分だけを考えて「部分最適」を選ぶのではなく、将来の自分までを見据えて「全体最適」の選択をする。

貧乏のすすめ

大学に入学するタイミングは、自立をするタイミングです。できる限り、親元を離れる算段をつけましょう。

私は、開成高校の生徒の親御さんにも、大学に入ったらできるだけ一人暮らしをさせてくださいと伝えています。

開成高校は東京の高校ですので、首都圏の大学に進学した場合は「せっかく自宅から通えるのに、わざわざ一人暮らしをさせるなんて、お金がもったいない……」とおっしゃる親御さんもいます。

確かに自宅暮らしよりも一人暮らしは経済的には負担になるかもしれませんが、それは子どもに何の不自由もない金額の仕送りをしようと考えるから負担になるのです。

最低限の仕送りで、あとは本人が生活を切り詰め、バイトをすればなんとか生活していけるというレベルであれば、やってやれないことはないでしょう。地方から都市の大学に進学した若者と同じように考えれば、一人暮らしさせることは可能です。

海外では、18歳が親離れのタイミングです。アメリカでもヨーロッパでも、18歳になったら親元を離れるのが常識という空気があります。18歳が大人としての人生の始まりです。日本でも遅ればせながら、18歳で選挙権を持てるようになりました。

ハーバードは全寮制ですので、たとえ家が大学近くにあるとしても、学生は寮に入ります。そこで集団生活を通じて人間関係の形成を学んだり、食事の席でテーブルマナーの基本を学んだりします。そして、それまでは親がやってきてくれたことを自分でやり、少しずつ自立をしていくのです。

そこが、親元から大学に通い、場合によっては就職してからも一人暮らしを経験しない日本の若者とはずいぶん違います。

私は、なにも自立心を養うためだけに、親元を離れることをすすめるわけではありません。自立はもちろん重要ですが、学生の時期に、**「生活の苦しさ」を体験することが、みなさんにとって大切な資産になる**と考えているからです。

家にいるときは何の苦労もせずに食事が出てきますし、洗濯された服に何の疑問ももたずに腕を通すでしょう。でも、それは自分の稼ぎではなく、親の収入で得られる快適さです。そのことは、一度親元を離れてみないとわからないものです。

実家から通う大学生の生活レベルは、それなりに高いはずです。その高い生活レベルに慣れきったまま、親元で暮らし続けていると、その先ずっと、「自分の力で生活レベルがぐっと高くなった」と感じることはないはずです。

でも、大学時代に親元を離れ、仕送りだけではやっていけずにバイトをすることや、月末になったら**食べるのに困る生活をすることは、一度「底」を経験すること**になります。そうすれば、社会人になって自分の手で稼ぎを得たときに、いい場所に住める、美味しいものを食べられるという生活レベルの向上が自信になります。

私自身も、大学時代はとても貧乏をしました。私はちょうど全共闘世代で大学の授業はあってないようなものだったのですが、そのぶん、読書に没頭し、大江健三郎や高橋和巳に夢中になりました。現在私の家の本棚は本であふれています。大学時代に買った本もすべて保存しています。

当時、お気に入りの作家の新刊はすぐに手に入れたいものの、ハードカバーは私にはとても高く、仕方なく昼食を抜いて、なんとか本代にあてるといった生活をしていました。

本当にピンチのときは、家庭教師先でご馳走になっていました。週2回の約束の家庭教師でしたが、そこでは食事がつくので、お腹がすくと「今日、時間があるので教えに行きます」などと言って、週に3回出向いてご飯にありついたりもしていました。

こういった貧乏な生活を一度経験しておくと、自分一人で稼げる限界量や、その後の人生設計についてもシビアに考えるようになります。一生アルバイトで食べてはいけないないということもわかりますし、会社に勤めてボーナスをもらえることのありがたみも感じることができます。

大学時代に親元を離れ、一度貧乏を味わうこと。それは、社会人になってからの自信につながるのです。

まとめ　**親元を離れ、自立と自活をする。**

留学で多様性を垣間見る

大学時代には、短期でもいいので、留学することをすすめます。とくに、一人暮らしをすることが難しい人であれば、半年ほど大学を休学して親元を離れてみましょう。

「グローバル化」という言葉は、私は「国際化」ではなく「広域化」と訳すほうが本質的だと考えています。

「広域化」とは何かというと、親元から離れ、言葉が違い生活習慣も違う場所に飛び込むこと。そう考えると、『ALWAYS 三丁目の夕日』で描かれていた昭和の集団就職は、まさにグローバル化です。「金の卵」と言われ、方言を矯正《きょうせい》して標準語を話し、東京などの都市で職についた彼ら、彼女らは、常識も文化も違い、教育に対する考え方も違う場所で、まさにグローバル化の道を進んだと言えます。

新しい環境にさらされると、人は自分で判断し、自分で行動しなくてはいけません。多様性に触れ、自分の知らなかった世界を知る経験こそが、人を成長させます。

彼らが都道府県の枠を越えて新しい文化に触れたように、いまの時代のグローバル化は、国と国を越えていくことになります。50年後のグローバル化は宇宙での生活を指す言葉になるかもしれません。

留学し、多様な考えの人々とコミュニケーションをはかることは、「論理」を構築する訓練になります。

違う考えの人を相手に、自分の意見を伝えるためには単に外国語を学べばいいというわけではなく、どの世界でも通用する「論理的表現」を使えるようにならなくてはいけません。その論理的な思考を手に入れるために留学すると言ってもいいくらいです。

多様な考え方を知るということは、自分の見聞を広めるだけではありません。他国籍の友人を持つことは、広い視点で見ると、国家の安全保障にもつながります。

世界各国の大学が、こぞって「多様性」を重要視し、留学生の受け入れに積極的なのは、その国の文化や母国語を理解する外国人の存在が、ゆくゆくはその国の安全保障につながると知っているからです。自分が身を立てることができるようになった教育を授けてくれた国、恩義を感じる人がいる国に対しては、戦争を仕掛けたいと思わないでしょう。ですから、どの大学も留学生の受け入れを重要視するのです。

私自身にもこんな経験があります。

１９９０年、イラクがクウェートに侵攻し、湾岸戦争が起きました。敗色の濃いイラクがクウェートの７００以上の油田に火をつけたことがありました。

当時、メキシコ湾で海底油田が爆発したときは、それを消火するのに1年近くかかったので、７００もの油田を消火するにはどれだけかかるのかと、その対策を考えるために、世界中からアイデアがつのられたのです。

私はそのとき、ハーバードの公衆衛生大学院にいたのですが、我々の研究グループは卒業生全員にファックスを送り、油田火災を調査し、大気汚染対策を提案するので協力してほしいと連絡しました。クウェートに入るにしても、現地にアクセスする手段がなければ、対応できないからです。

そこで協力してくれた卒業生のおかげで、私たちはこの問題解決のために現地入りして調査し、案を出すことができました。これも、世界中に広がる大学のネットワークがあったからこそです。

日本の大学はそもそも多様性が生まれにくい構造があります。例えば、日本では東京大学に合格すると、進学を蹴る学生はほとんどいませんが、ハーバード大学に合格してもハーバードを選ばない学生は多数います。

一方で、多額の寄付をしてハーバードに入学してくる学生もいます。日本では「裏口入学」などと揶揄されますが、海外では「寄付できる資金力がある」ことも多様性のひとつです。奨学金をもらいながら学校に通う人と、学校に寄付をして入学してくる人、それらの多様性が交わるからこそ、さまざまな化学反応が起こると考えられています。どのような形で入学しても、出口での審査は厳しいので、入学できたからといって卒業が保証されているわけではありません。

日本の大学も留学生を受け入れていますが、同じアジアのシンガポール国立大学や北京大学に比べると、その規模は限定的です。教授も日本人が多く外国人の教授の採用も多くありません。

そう考えると、**意識的に環境を変えていかないと、井の中の蛙《かわず》になってしまいます**。学生時代に留学をすすめるのは、この時期に多様性に触れる時間を作ってほしいと思うからです。

まとめ　自らをアウェイの環境に置き、多様性に触れる。

恩師は一人と決めつけない

私はよく学生に「先生の一番いいところを2割ずつ集めなさい」とアドバイスします。そして、**2割×5人のメンター（指導者）で10にして、それを自分のものにしなさい**と伝えます。例えば博士課程で学んでいる学生には、卒論、修論、博論、2ヵ所程度で行うポスドクと呼ばれる博士研究員時代の指導者の合計5人からいいとこどりをして、自分を確立するとよいと話します。

日本では、大学の研究室に限らず「恩師は一人」といった考え方をするのが主流です。けれども、それではどうしても恩師を超えられません。

恩師を超えることができる人材になるためには、いろいろな方向からの刺激をもらって、自分の中でその刺激を融合して、新しいものを生み出さなくてはいけない。そう考えると、メンターは多いほうがいいと言えます。そして、**それぞれのいいとこどりをして、恩師を超える自分を作っていく**のです。

海外の大学では、意図的に多様性が維持されているので、同級生も教授陣もバラエティに富んだ顔ぶれになります。

例えば私がハーバード大学にいたころ、公衆衛生大学院には約200人の教授会メンバーがいましたが、それらの教授が学士、修士、博士の学位をとった大学を調べたところ、すべての学位をハーバードからとった教授は9人、つまり5パーセントしかいませんでした。残りの95パーセントは19ヵ国、170大学で学位をとっている人たちの集まりだということがわかったのです。

このような環境では、教授の個性もバラバラになり、おのずといろいろなタイプのメンターを見つけやすくなります。

一方で東大はというと、東大で学士、修士、博士までの学位をとった教授が多数います。履歴書に「東大卒業、東大助手、東大助教授、東大教授」としか書けない、四行履歴の教授と揶揄される純粋培養の場合です。

東大以外の大学であったとしても、多国籍で多種多様な大学を卒業した教授陣に教わることができる大学は、残念ながら、日本にはほとんどありません。

だからこそ、5人のメンターに2割ずついいところをもらうことが重要になってきます。

5人のメンターのそれぞれのいいところを掛け合わせ、自分なりに磨きをかけることによって、それはあなたのオリジナリティになっていきます。

そして、これが重要なことですが、メンターは自分で見つけにいくものです。たまたまいい先生に出会えて、大きな刺激をもらえることもありますが、そうでなかったとしたら、**自分で門を叩《たた》くよりしかたありません。**

たとえ自分の進む学科が決まっていたとしても、卒論や修論の指導者が決まっているわけではないでしょうから、いろいろな先生とコンタクトをとって、教え方や考え方の合いそうな人を探してみましょう。

また、たとえ他学部であっても、他学科であっても、自分が興味を持った先生のもとを訪れて、門を叩くのもよいでしょう。

もちろんアポイントを入れていくのは最低限の礼儀ですが、門を叩いて学びたい気持ちを伝えたとき、それに応じてくれる先生であれば今後もつきあう価値があります。「おもしろい、私が育ててみようか」と思ってくれる先生であれば、あなたに刺激を与えてくれる可能性があります。

もちろん、それに応じてくれない先生もいます。そのような先生は、その先つきあってもムダだから、捨てていい。

この感覚は、自分で門を叩いてみないとわからないことです。自分で飛び込むからこそ、その感触がわかるのです。

誰もが日本の一方通行の受け身の教育に慣れているでしょうが、大学に入ったならば、自分から先生に働きかけることが大事です。自分の大学4年間、あるいは6年間をどのように使うかは、自分で設計するしかないのですから。

生涯をかけてやりたいことは、いつ、どのタイミングで降ってわいてくるかはわかりません。いつどこで出会えるかわからないものなのです。そしてその出会いは、誰がもたらしてくれるものかもわかりません。

いま、まだそれに出会っていないのであれば、いろいろな先生の門を叩いて、自分の可能性を広げていってください。そして、その先生たちのいいところを見て、自分のものにしていきましょう。

まとめ　メンターになる先生を5人見つけ、それぞれのいいとこどりをする。

どこまでもメンターを求める

指導してくれる先生や、志を同じくしてくれる先輩を、どこまでも探しに行く気概も重要です。

高等教育になればなるほど、教育は、1対1になっていきます。なっていきますというよりも、なるべきです。これは、学問に限ったことではありません。

例えば、スポーツの世界でも、最初は大勢の選手を一人の指導者が見ます。ですが、頭角をあらわして日本を代表するレベルになったり、オリンピック選手になったりすると、専属のトレーナーやコーチがつき、選手は自分のためだけに組まれたメニューで練習をしていきます。

もしも、オリンピックに出るほどの才能がある選手が、自分よりもずっと低いレベルの選手と同じメニューで練習をしていたら、世界に通用しません。

学問の世界でも、専門性が高くなれば高くなるほど、指導は1対1になります。とくに研究に関しては、そのテーマに対して指導できる先生は限られてきますし、場合によっては日本にその指導者がいない可能性もあります。

私は、東京大学の工学部を卒業したあと、一度就職をしてシステムエンジニアとして働いていました。ところが、就職して3年目の春に、ユージン・スミスの水俣病の写真展で1枚の写真を見て衝撃を受け、それがきっかけで仕事を辞めることになりました。

その写真には、お腹の中で水俣病になってしまい、動作がとても不自由な胎児性水俣病患者の子どもを、ごく普通の表情で抱いている母親の姿が映っていました。公害で生まれながらに障害を背負わされた我が子の悲惨な姿が、母親にとってはすでに日常となってしまっている、その事実に、激しく心をゆさぶられたのです。

水俣病は、チッソ株式会社の工場から水俣湾に排出された有機水銀による汚染で起こった公害病です。私自身、学生時代に、チッソに抗議行動をする「一株運動」に関わっていたこともあり、もう一度大学に戻って、公害問題についてもっと研究したいという気持ちが芽生えてきたのです。

大学に戻った私は、空気の汚れについて研究し、博士課程のときに作った大気汚染を計測する装置で、幸いにも特許をとることができました。そこで、そこから先は、より大規模に大気の汚れと健康との関係性を調査しようと考えました。

過去にそのような研究をしている人がいないか文献を片っ端からあたって見つかったのが、東海大学の医学部の先生でした。私は二酸化窒素という大気汚染物質を、人が一日にどれくらい吸っているかを計測できる装置を開発しました。そしてその先生は二酸化窒素によって肺がどれくらいダメージを受けてその影響がどれくらい尿に出てくるかを研究していました。そこで、私たちの研究をくっつけてしまおうと考えたのです。

その先生は豪放磊落《ごうほうらいらく》な人で、実は私の恩師と過去に大ゲンカした人だったのですが、その先生には「こういう研究をやりたいんですけど、一緒に研究提案をしませんか」と共同研究を持ちかけ、恩師には「ケンカしたと聞いていますが、挨拶だけ行ってください、あとは全部私がやりますから」とお願いしました。

前にも言ったとおり、**自分が師事したい、この人と一緒に研究をしたいと思ったら、自分の学部、学校に限らず、どんどん門を叩くべき**です。

思い切って申し込んだ共同研究は大当たりしました。

地域一律ではなく、一人ひとりが吸っている二酸化窒素の量を測定できるようになったことで、大気汚染の研究に新しい視点を導入することができました。このことも、共同研究をお願いしに先生の門を叩いたからこそ生まれた成果です。

このとき書いた論文は海外で高く評価されることになり、さらに研究を進めるために、私は海外に渡ることになるのですが、その話はまた後ほど。

まとめ　志を同じくする人を、どこまでも求める。

知識をアウトプットする

高校時代は知識を定着させる時期です。

では、大学ではその定着した知識を使って何をするかというと、「融合させる」時期に入ります。定着した知識量が増えて臨界点を超えると、知識が融合して「創造の種」が生まれるのです。

房についたぶどうをイメージしてください。

一個一個のぶどうの粒を、高校時代に手に入れた「定着した知識」だとしたら、それを集めて上からぐしゃっと押してみたときに、ぶどうの粒の形がなくなって液体になります。それが「融合」した状態です。

その融合したぶどうの液体がさらに熟成すると、ワインができます。定着した知識の融合体がまったく新しいものに変化したのです。美味しいワインができ、それを瓶詰めして売り出すことができたら、それは「創造」になります。

では、どうすれば「融合」を進めることができるでしょうか。それは、**ひたすらアウトプ**

ットをすることです。

自分が手に入れた知識を、アウトプットする機会が多ければ、それは自然と融合していきます。

自分が知っている知識を人に伝えるということは、おのずと、その知識を知らない、他の分野の人たちに説明していかなくてはいけないわけです。あるいは、他の分野の人たちの意見もうまくとりこんで話さなくてはいけなくなります。

その経験をすると、必然的に知識は融合していきます。ですから、大学時代は自分が知ったことをアウトプットする機会をたくさん持つことがなによりも重要です。

日本の18歳は世界で一番優秀だと何度もお伝えしていますが、この優秀な18歳の時点で定着している知識を、アウトプットしていかないと、その知識は錆《さ》びついていきます。

優秀だった学生が、そこまで知識量のなかった海外の学生たちに追いつかれ、追い抜かれていくのは、このアウトプットの量の差が原因になっています。

これは、社会人になっても大切な考え方です。

知識という貯金がたまったら、アウトプットする。これは、「還元」という作業です。還元ができない人は、ずっと消費するだけで、ものごとを生産する人になれません。生産できなければ、社会人として給料を稼いでいくことはできないのです。

生産者になる訓練として、学生時代に「定着↓融合↓創造」をできる人になっていきましょう。

知識が一番定着しやすいのは、「人に話す」ことです。

開成では「授業で習ったことを、クラスメートに向かってわかりやすく解説する」講座を開いている学年もあります。先生役と生徒役の生徒が自主的にグループを作って、先生役が話をよりかみくだいて話すわけです。

私にも経験がありますが、この解説は「授業よりも理解しやすい」と好評でした。しかし誰よりも勉強になったのは先生役です。人に話をすることで、知識がしっかりと定着します。

また、アウトプットは、必ずしも「相手」がいなくてはならないということはありません。私の場合、他人を相手にアウトプットすることもありましたが、自分の頭の中で対話をすることもあります。

Aという人とBという人が、さながらボケとツッコミのように、頭の中で会話のやりとりをするのです。

論文を書くときもAが「おい、B、ここがおかしくないか？」と質問して、Bがその疑問に答えるといった脳内会話を続けていました。一人質疑応答です。これを繰り返していると、人からどんな質問を受けても、たいていパッと答えられるようになります。

この脳内会話はいまでもよくやります。相手がいなくてもできるアウトプット法なので、ぜひ試してみてください。

まとめ　**アウトプットするからこそ、知識は定着し、生産につながる。**

新しいことを行う＝ＰＤＣＡを回す

新製品の開発も専門分野の研究の遂行も、最終的にはアウトプットを行うことになります。新しいことにチャレンジするときには、ＰＤＣＡを意識しましょう。

ＰＤＣＡとは、Ｐ＝ＰＬＡＮ（計画・企画立案）、Ｄ＝ＤＯ（実行）、Ｃ＝ＣＨＥＣＫ（確認・検証）、Ａ＝ＡＣＴＩＯＮ（改善）を指します。

企業に入社してプロジェクトに携わるようになれば、必ずこのＰＤＣＡサイクルを意識して仕事をし、利益を出していくことを求められます。

私は、**大学で卒業論文、修士論文、博士論文を書いたという実績は、この「ＰＤＣＡサイクルを一通り回すことができた」という証明**だと考えています。

国連などの国際的な機関では、博士号を持っていないとリーダーにはなかなかなれません。これは、博士号を持っているということが、「博士論文を書くために、プロジェクト（研究）の最初から最後までを一通り経験した」、つまり「ＰＤＣＡを一周回したことがある人」とみなされるからです。

例えばユニクロのヒートテックを開発したチームを想像してみましょう。まずはヒートテックの概念を作るところがP＝プランになります。そして、具体的に体温を保持するために必要な技術開発と製造がD＝実行。予定通りに売れたかどうかのC＝チェックがあり、改良をするためのA＝アクションがあります。

ユニクロであれば、ヒートテックという具体的な素材、製品になりますが、これが論文となると、具体的な題材は研究テーマということになります。

まず、論文を書く際には、具体的に何を研究するか、何を研究することがいまの時代に必要なのかの課題設定が求められます。とくに大学院での研究は、この課題設定が一番重要になります。これが、PDCAのPにあたります。

そして、課題を解くためにする研究がPDCAのDです。課題が適切に設定されていなければ、このDを進めることができません。

その後、論文にするとき、課題をしっかり解ききれているかどうかを論ずるのがCのチェックです。自分がやったPとDを人が理解できるように整理してアウトプットできるのが、チェックができているという状態。

最後に論文には必ず、フューチャーリサーチという項目があり、この課題を解くために不足している要因を書き出し、改良点を考えて今後のアクションにつなげていきます。

とくに時間をかけて取り組む修士論文や博士論文は、このPDCAを意識して研究を進めると「**学生時代にあるテーマを研究した**」**だけではなく、新しいことにチャレンジするときに必要な思考方法を磨く機会になり、就職後も役に立ちます。**

ハーバードでも東大でも、私が大学院で修士論文の指導をするときは、学生にまず研究テーマの定式化を求め、研究テーマが決まったら、2年後に提出する修士論文の目次を書いてもらっていました。目次を書くというのは、ものごとの構成を把握《はあく》するのにとてもよいトレーニングになります。

目次を決めると、全体像が明確にわかるし、人にも伝えることができるようになります。これは、社会に出たときの企画立案作業に近いものです。自分の計画を人にわかりやすく伝える力は、社会人には欠かせない能力となります。

次に、中に入るグラフを描かせます。もちろん、まだ実験をやっていないから実験に基づいたグラフは描けないのですが、この課題を解決するために必要なグラフはこれで、縦軸は

○○、横軸は△△になると想定させます。そして、期待される結果をそこまで目に見える形にすることで、プランがしっかり固まります。ここまでプランをきちんと考えておけば、D以降がスムーズに進むでしょう。そこまで考えたあとに、実際に具体的な実験を行うのです。もちろん、実際に実行してうまくいかないときは、プランを修正してもう一度やり直しをします。

このサイクルをしっかり回せる人間になることが、大学に行く意義のひとつと言ってもいいくらいです。なぜなら先に述べたように、この力が社会に出てからプロジェクトを回すために一番大事な力だからです。

大学で論文を書くときは、このＰＤＣＡを考えることで、その後の人生にもつながる力を意識的に身につけることができます。

まとめ　新しいことにチャレンジするときに必要な思考方法を身につける。

成果には賞味期限があると知る

大学で提出する論文とは、ＰＤＣＡサイクルを回すことを学ぶ訓練だと言いました。言葉を換えると、この大学での一連の訓練は「方法論を知る」ための訓練と言えます。つまり、研究した「内容」だけが重要なのではなく、そのＰＤＣＡを回す「方法」を知ったことがより重要なのです。

これを間違えると、手痛い目にあいます。

いまは時代の流れが早く、知識も技術も日進月歩です。「自分は大学時代にこれを研究した」という実績は、すぐに通用しなくなる時代です。

具体的には、私は、研究は「やった年数分しかもたない」と考えています。つまり、大学院で５年研究したテーマであれば、５年はもちます。でも、５年後にはその研究は陳腐《ちんぷ》なものになると考えたほうがいいでしょう。

自分が一生懸命勉強し、研究して得た知識だったとしても、いろいろな人が次から次へと新しい考えを積み重ねていくのですから、いつまでも第一人者でいられるわけではないのです。

これはなにも、大学の研究に限ったことではありません。社会に出てからある分野の最先端の仕事についていたとしても、その「最先端」は、いつひっくり返るか誰にもわかりません。ある日、画期的な技術が発明されたら、それまでの仕事がすべて水の泡になることもあるのです。

自分が行っている研究や仕事の「内容」自体に固執しないこと。そのことを意識しているかどうかは大きな差です。

自分が時間を費やした研究や仕事を後生大事に抱えているのは、言ってみれば自分自身の成長に枠をはめて、ずっと同じ大きさの鳥かごに籠《こも》っているようなものです。大事なのは、そこでずっと同じ鳥かごにいて時代遅れになることではなく、自分がひと回り大きくなったら、新しい大きな鳥かごに住み替えることです。

「昔、こんな研究をしていました」「以前、こんな仕事をしていました」と言ったとしても、重要なのは、そこでの成果ではありません。それは所詮《しょせん》、昔の小さな鳥かごの中での話です。重要なのは、鳥かごが小さくなったと感じるほど自分を大きくした方法論の獲得なのです。

いつか陳腐化することがわかっているのに、勉強したり研究したりする理由は、先ほども言ったように、自分の中にＰＤＣＡを回すための方法論を持つためです。

大事なのは、研究成果ではありません。ＰＤＣＡを回す方法さえ知っていれば、いろいろなプロジェクトをリーダーとしてまとめ上げることができます。国内でも、海外でも大きなプロジェクトのリーダーとして活躍することができるでしょう。鳥かごはどんどん大きくなって、場合によっては、鳥ではなくて、猛獣だって飼えるかもしれません。

ところで、よく「十年ひと昔」といいますが、たいてい、ひとつの分野で10年間研究や仕事に取り組むと、自分でできることはすべてやったという状態になります。

そう考えると、人生では３回くらい、違う仕事ができると考えられます。

社会人になって最初の７～８年は修業期間。30代でひと仕事、40代でひと仕事、50代でひと仕事。計3回は、新しい仕事ができると考えられるでしょう。

そう考えると、ちょっとわくわくしませんか？

もちろん、そうやって、新しい仕事にトライできるのも、ちゃんとＰＤＣＡを回せる方法論を持った人であればこそです。

まとめ

いつか古びる成果ではなく、
いつまでも古びない「方法論」を手に入れる。

就職活動で自信を失わない

アメリカでは就活、ジョブハンティングは卒業後に行われます。４年生の卒業が５月末なので、そこからジョブハンティングをして、夏休みが終わる８月末頃までの３ヵ月で就職先を決めるのです。

日本のように、大学の授業を休んで就職活動に行くということはありません。採用に際しては、大学時代の成績も厳しく見られますので、学生時代は学生としてしっかり勉強することのほうが大事なのです。

新入社員として入社するのはたいてい９月から10月になりますが、日本のような一斉採用はなく、企業が個別に学生の話を聞いて採用します。個別の契約なので、入社時期もそれぞれの事情によってバラバラです。

入社したメンバーに対して一斉に研修をやる会社もなくはないですが、その場合でもいろいろな年齢層の社員を採用して、そこで研修をします。

一方で、日本の大学生が就職活動で苦戦をし、自己肯定感を失っていく話はこの本の冒頭で紹介しました。

かくいう私も、大学院を修了した後の就職活動は苦労しました。

大学院に戻った私は、空気中の汚染物質である二酸化窒素を測る測定器を考案し、その特許をとって公害についての研究を進めていました。一人ひとりが吸っている二酸化窒素の量をはかり、どれだけ健康に影響を与えるかを調査し、その結果を論文にしました。そういった概念の研究は世界でも初めてだったので、いくつもの国際会議で発表する機会を得て、それなりに評価されました。

私は英語が大の苦手だったので、その研究成果と論文をもとに、どこか公害の研究をさせてくれる日本の企業や研究機関に就職しようとしていたのです。

ところが、「公害の研究をしたいのであれば雇《やと》わない」と、次々断られました。70年代後半の日本は経済成長の真っただ中。ほとんどの企業・研究機関は、経済成長の妨《さまた》げになると考えられていた公害の研究に消極的でした。

私は「公害の研究を続けたい」という気持ちが強かったので、やむなく海外にジョブハンティングすることになりました。出稼ぎです。自分の論文を持ち歩き、「私はジョブハンティング中です。これがいまの私の業績です」と、自分を世界に売って歩いたのです。

そこで、興味を持ってくれたのが、カリフォルニア工科大学とハーバード大学でした。そこで否応なく英語を勉強したのです。

結果的に、日本の企業に門前払いされ、研究を続けられなかったことが、私の新しいキャリアのスタートになりました。

英語はその後も苦労し続けることになりますが、自分の「価値を売る」という経験ができたことは（そしてその先、ハーバードで教え続けるためには、それを毎年しなくてはいけなくなるのですが）、とても貴重な経験でした。

就職について考えるとき、最初に選ぶべきは「会社」ではなく「仕事の種類」です。この順番を間違ってはいけません。

そのうえで、「自分の成績で入れる会社はここ」と、ボトムアップで考えるのではなく、「この職業につきたいから、この勉強が必要だ」と、大学時代の4年間を過ごすのです。

このトップダウンの考え方が一番徹底されているのは女子アナウンサーを目指す学生だと感じます。

彼女たちは「テレビ局に勤められればいい」ではなく「アナウンサーになるため」に準備をすすめます。1年目からコンテストや雑誌に出るなどの活動をはじめ、スクールに通い、着々と準備を重ねるのです。

自分がつきたい職業（そしてそれは、やっていて苦にならないことの延長線上にあるともお話ししました）を決め、そのために必要な対策を練り、逆算して学生時代にすべきことをするのです。

そうすれば、就職活動で「名前を知っている会社」を片っ端から受けて落ち、自信を失ってしまうこともないでしょう。

まとめ　就職先は「仕事の種類」から選びトップダウンで準備する。

第三章　消費者から生産者になる

社会人になったら、まず考えるべきことは、消費者から生産者になることです。

言い換えれば「お金を稼ぐ」人間になることです。

それまで、お金を使って、人の仕事を「買って」いた存在から、「買ってもらえる」仕事をすることが、第1ステップです。

稼げる人になる

社会人になるということは、言い換えれば「稼げる人」になるということです。そしてそれは、**消費者から生産者になる**ということです。

社会人になる以前は、みなさんはお客さまの側にいます。それが、社会人になって給料をもらうようになると、「消費」する側から、「生産」する側にシフトチェンジします。

この「生産をして、その対価として給料をもらう」という考え方がとても重要です。

日本はとかく「清貧」をよしとする文化があります。「稼ぐ＝悪」「金持ち＝やましいところがある」といった感覚がある国です。日本ではお金は天から降ってくるという感覚もあります。これは労働の対価ではないお金がもらえてしまう、お年玉の功罪でしょうか。海外の人からすると、なぜ正月にお金がもらえるのかはとても不思議なようです。

でもよく考えてみてください。

憲法にも書かれているように、働くことは権利であると同時に義務です。稼げているということは「仕事の価値が認められている証拠」にほかなりませんし、社会に尽くし貢献する義務を果たしていることになります。

貢献といってもボランティアではありません。きちんとした給料を得て、それによって自分の生活をまかない、自立をするのです。

稼ぐためには、相手が満足してくれなくてはいけません。

もちろん、社会人になってすぐに、パーフェクトな価値を提供できるなんてことはありません。でも、「うまくなったら提出します」「できるようになったら提案します」では、給料をもらう権利はありません。

いまの自分では満足できないかもしれないけれど、でも自分の力の限界はここですという成果を提供しない限り、お客さまからはお金をもらえないのです。

「いつか実力がついたら提案をする」と考えているとしたら、それは、社会人として「生産する」人になっていません。

まがりなりにも、ある仕事をして相手が対価としてお金を払ってくれたとしたら、それが第1ステップです。

次に重要なステップは、そのお客さまがリピートしてくれること。サービス業に限らず、「リピートをもらう」「再指名を受ける」ということが、その人の仕事の満足度を示す指標です。

そう考えると、自分自身がかっこ良く見えるかどうかは二の次だとわかるでしょう。それよりも、いかに相手が喜んでお金を払ってくれるかどうかを考えなくてはいけません。

若い人たちは、ボランティア活動や、非営利の活動に熱心で、それはとても素晴らしいことだと思います。けれども、社会人になって、自分を守ってくれる人がいなくなったら、まずは自分一人でどう生きていくかを考えなくてはいけません。

自立して、自活すること。そして、それができるようになったら人に親切にする。人に親切にすることはとても美しく正しいことだけれども、それは、自分が自立した先にあります。

海外では、社会的に成功した人たちは、多額の寄付を行います。

最近では30歳を超えたばかりのフェイスブックのＣＥＯのマーク・ザッカーバーグが、保有する株の99パーセント（当時の価格で約5兆5000億円）を寄付すると発表して話題になりました。

このように、寄付を行えるほど稼げることは、本当に強い人間の行動形態のひとつだと感じます。

まずは稼げる人になる。そして、稼げる人になったら、周りの人を助けることができる人になる。この順番を間違えないように。

まとめ　お金は創造した価値の対価。まずは稼げる人になる。

３年経験しなければゼロと同じ

社会人一年目で一番大事なのは、ものごとをポジティブにとらえることです。ネガティブに考えて、成長する人はいません。成功している人は、みな楽天家です。

楽天家というのは、嫌なことを忘れる特技をもっている人のことではありません。ものごとの良い側面を見つけてポジティブに考える人のことをいいます。この世の中、ネガティブな要素はたくさんあります。そのネガティブな要素にとらわれていたら、キリがない。成長したいなら、ものごとを肯定的にとらえる訓練をしましょう。

例えば、上司に怒られたら、それは「教えられた」と思う。直すべきポイントがわかったと考えればいいのです。優れた上司であれば、あなたが直すべきポイントをつかんで修正したことをすぐに察しますので、その後の関係はうまく回ります。

もし、どうしてもつきあわなくてはいけない嫌な年長者がいるとしても、それは３年の辛抱と考えましょう。会社では、ほとんどの場合３年以内に相手か、自分が異動します。３年で異動するのに、こちらが考えすぎたり、悩みすぎたりする必要はありません。

上司がそういう人なら、運が悪かったと思って、３年間我慢すればいいのです。その間に尊敬できそうな先輩を見つけたなら、その人のドアを積極的に叩いてみましょう。それで対応してくれない人はドアを叩く価値のない人ですから、一切《いっさい》気にしなくていい。叩いたドアが開かれたら、その先輩に教えを乞《こ》えばいいだけです。

ドアが開かれたら、とにかく吸収する。**社会に出て初めにやるべきことは、尊敬する先輩を見つけて、その人の良さを吸い取ること**です。

もし、会社のどこを見ても尊敬できる人が見つけられないのだとしたら、その会社で過ごす時間を「社会を見るための教育期間だ」と考えましょう。

そもそもその会社は、連行されて就職したわけではないはずです。誰かに強制されて行ったわけではないのですから、いい上司がいない運の悪さは自分の判断力の甘さとも言えます。ですから、気に入らないからといってすぐに飛び出すのではなく、ちゃんと自分の中で総括して、どこで判断を間違えたのか真剣に反省すべきです。

そのときは「隠れ忍者」になった気持ちで、その会社に潜伏すると考えるのがおすすめです。技術系の人であれば3年もあれば技術のことがわかるようになります。それ以外の職種であっても、社会人の行動形態を身につけるいい機会になるでしょう。

自分を隠れ忍者だと思い、ここは「仮の宿」だと割りきってしまえば、上司と衝突してもそれほどストレスにならないはずです。

自分の希望部署に行けなかった場合も同様です。

一番もったいないのは、1年そこそこで辞めてしまうこと。**1年では、何も身につかないので、ゼロと同じ**です。

自分のファーストチョイスをムダにしないためには、3年間でその会社で身につけられるものを全部身につけて、それを持って次のステップにいけばいい。昔の人は「石の上にも三年」と言ったけれど、あれはやはり理のあることです。

自分で起業してベンチャーを立ち上げようとする人でも、最初の3年間は金融機関などに就職して、世の中のお金の流れを把握することは、起業後にとても役に立ちます。

自分に合う、合わないだけで判断せずに、3年間は続けて、そこでトップをとるつもりで頑張るのがいいでしょう。

自分に与えられた環境に対して、凹《へこ》むのは時間のムダです。

私がよく言うのは「**ベターセレクション、アンダーギブンコンディションズ**」という言葉です。与えられた条件のもとで、よりよい選択をする。

この場合、よりよい選択とは、3年をムダにしない選択をすることです。

もし、3年経ったら転職しようと考えているのであれば、意識すべきことは、3年後に「買ってもらえる自分」になること。与えられた環境で、少しでも時間をムダにしないことを考えましょう。

まとめ

与えられた環境の中で3年、ベストを尽くす。
3年後に買ってもらえる自分を作る。

自分の評価は、相手が決める

もし、3年経っても自分を適切に評価してくれる人がいないと感じるのであれば、会社を移ることを考えていいでしょう。

上司の能力が足りないことで、自分の能力がきちんと評価されていないのであれば、正当に評価してくれる場所を探して雇ってもらうしかありません。

ただし、このときに注意することがあります。前に言った、**自己評価と社会の評価がずれていないかどうかをはかる**ことです。

あなたが「自分は評価されていない」と考えるときは、本当に上司に能力がなくて評価されていない場合と、自分には実際能力がないのに自己評価が高すぎて「評価されていない」と感じている場合の2つのパターンがあります。

その2つのどちらかを見極めるのに一番いい方法は「ほかの会社が雇ってくれるかどうか」。自分をジョブハンティングの市場に放出すると、あなたに対する市場価値、すなわち「正当な評価」を得ることができます。そこで、雇ってもらえないのであれば、いまはあなたの自己評価のほうが社会の評価より高いといえます。

一度会社に勤めた経験がある人を新たに雇う場合、**雇う側が一番気にするのは、その人がいまいる組織のなかで、プロモーション、つまり昇格したかどうか**です。

単に前の会社が不満で会社を移りたいのか、それとも前の会社で評価されているにもかかわらず、別の会社でさらなるキャリアアップを目指しているのかは、前の会社で昇格しているかどうかを見れば一目瞭然です。

アメリカは転職社会なので、前の職場でプロモーションしているかどうかを厳しく見られます。昇格して評価されているけれども、前の会社は自分にとって狭い、さらに知見を広めたいと思うポジティブな転職動機の人であれば、企業は大歓迎をしてくれます。

よく、日本も今後転職社会になっていきますか？　と聞かれますが、おそらくそうなっていかないと、この国は国際競争の中で生き残れないと感じます。

先日読んだビジネス誌のタイトルが「いかに使えない人を辞めさせるか」というセンセーショナルなものでしたが、それが企業側の本音。使える人は引っぱりだこになり、使えない人は肩を叩かれる。日本もそんなシビアな国になっていくでしょう。

とはいえ、転職社会のアメリカでも、数年で次々転職するわけではありません。仕事を変えるのは人生で3回くらいです。

能力がある人が、10年その会社でしっかりやりきると、大抵、その会社ではやることがなくなってしまいます。そのような時期に、場所を変えて新境地を求めるのはうまい手だと感じます。自分が10年でつかんだ方法論を、別の素材で試すチャンスになります。

ここでも、前に言った、自分に対するリーダーシップをしっかり発揮していくことが重要になります。

そしてもうひとつ大事なことがあります。

40歳までの転職は、自分からチャレンジして門を叩いていきましょう。場合によっては門を叩いて叩いて叩き割って、なかに潜り込むような経験もいいと思います。

けれども、40代を超えた後に移る会社は、自分から門を叩くのではなく、企業から引っぱられて移らなくてはいけません。

そのためには、40代になるまでに確固たる実績をつくり、人々の記憶のなかにその人の名前が残っている状況でなくてはいけません。

そして「今度こういう仕事がある。これをやるには、あの人を引っぱるのが一番いい」と思われる人材になるのです。40歳になったら、「こっちに来ませんか」と言われる実績を持っていなくてはなりません。

そう考えると、40歳になるまでには、20代と30代の約15年間しかありません。そこで、どれだけの仕事をやるかが、その後の20年を決めるといっても過言ではないでしょう。

まとめ

自分の価値は市場に放出されてはじめてわかる。
まずはいまいる会社で昇格を。

出る杭になって加点される

世界一優秀な18歳も、大学を経て社会に出て、空気を読むことを覚え、カメレオンのように組織に色をなじませ擬態化している時間が長くなってくると、だんだん知識が追いつかなくなっていきます。そして、気づけば牙《きば》をぬかれ、のんびりと毎日を過ごし、平凡な提案しかできない人になってしまいます。

これまでの日本は、周囲に染まることだけでも、一生を全《まっと》うすることができました。終身雇用が可能だった時代は、自分の能力がジョブマーケットの中でどれだけ評価されるかを気にする必要はなかったわけです。

しかし、いまは違います。人の寿命よりも企業の寿命のほうが圧倒的に短い現在、どんな大企業に勤めていたとしても、どこかのタイミングであなたの市場価値を問われる日がくることは想像にかたくありません。

そのときに、会社の中だけで通用する「空気が読める能力」は、ジョブマーケットの中で優位に働きません。実際に積み上げてきた実績だけがものをいう時代なのです。

そこで大事になってくるのが、「**出る杭**」**になる勇気**です。

出る杭になれば、否応なく打たれます。そのときに、打たれても跳ね返せるように、確固たる杭になろうとしている人には、新しい知識がつきますし、自分自身を評価にさらす訓練もできます。

これをするかしないかは、その後の人生において大きな差となります。

周囲に合わせて擬態化することに慣れてしまう人と、周囲から出る杭になろうとする人。社会に出たときには同じ能力だったとしても、5年、10年経つと歴然とした差が出てきます。

前者は20年も経ったら、すっかり使いものにならない人材ができあがってしまいます。

自分をいつもアップデートしていくためにも、出る杭になる勇気を持ちましょう。

これまでの日本では、人の評価は減点主義だったと感じます。

入社したときが100点満点で、何かミスをするたびに少しずつ減点され、価値が目減りしていくという構造です。

このような評価システムの中では、できる人たちは無難にことをこなし、減点されなかった99点、98点の人たちが組織で出世できるような時代が続きました。

しかし、この減点主義には、どんなに頑張っても100点を超えられないという天井があります。日本で強いリーダーが育たないのは、この減点主義が原因のひとつです。優秀な人の持ち点は99点や98点に集中しているので、誰が本当のリーダーになる人材かわからず、どんぐりの背比べの人たちが入れ替わり立ち替わりリーダーの地位につきます。1年程度のリーダーのポジションでは、本当にリーダーシップが発揮できるのか、はなはだ疑問です。

逆に、アメリカでは、入社したときは0点です。そこから「これができる」「あれもできるようになった」という加点をして、実績を積み上げさせます。

この評価システムの場合、出る杭にならない限り、評価はされません。実績を残すことが評価の対象になり、個性を伸ばすことが求められます。

そして、加点主義の世界では能力を伸ばし続けることができた人は、どんどん得点を重ねるので、誰がもっとも実績をあげたかが一目瞭然となります。このような仕組みのもとでは、誰がリーダーに相応《ふさわ》しいのかは衆目の一致するところとなるので、おのずと力強い、長い期間職務を全うできるリーダーが選ばれるのだと思います。

おもしろいことに減点主義、加点主義の評価の仕方は、それぞれの国のお釣りの計算の仕方と一致しています。3000円の買い物をして1万円札で払うと、日本ではすぐに引き算をしてお釣りが7000円と計算されます。一方アメリカでは、買い物の3000円にお釣りを1万円になるまで加えていきます。もっともスーパーのレジなどで計算が自動化されたいまでは、その違いを目《ま》の当たりにすることが少なくなりましたが……。

国際競争にもまれる日本も、これからは**減点主義ではなく、加点主義に移行していくはず**です。

そのときに「減点されないようにしよう」と縮こまるのではなく、業績を積み上げて出る杭になることが、自分の10年後、20年後の市場価値になっていると考えましょう。

まとめ　市場で評価される「加点主義」の思考を身につける。

シェアでものごとを計測しない

日本の企業は「シェア」でものごとを考えがちです。そして、働く人たちも「シェア」の概念にとらわれやすい傾向があります。

先日、ある経済誌でおもしろい記事を読みました。ある大手電機メーカーがLEDから撤退したという記事です。

撤退の理由は「自社で作るよりも新興の電機メーカーで作るLEDのほうがコストが安いから」でした。

長年にわたってそれは自明だったのにもかかわらず、それまで撤退できなかった理由は「日本の企業にとっては、企業の利潤よりも、その分野におけるシェアをどのように確保するかが一番の関心ごとだから」と解説されていて、なるほどと思わされました。

教育界におけるシェアに相当する言葉は「偏差値」です。

偏差値とは、同じ年齢、あるいは、同じ学校を目指す子どもたちの相対的な位置関係を指します。日本の教育界では、この「偏差値」で学力を輪切りにしてはかります。

これが一般企業においても同様なのだということがわかり、とても興味深く感じました。つまり、日本企業は偏差値のように、その分野の同じ製品を作っている日系企業間の相対的な位置関係を気にするのだ、と。

「その製品を作ることが会社にとっての利潤を最大化します」という発想ではなく、相手の会社より、シェアが2パーセント伸びましたという部分にこだわるところが、大変日本的だと感じたのです。

そう考えると、私がアメリカにいた時代、1980年～90年代の、日本製品の内外価格差の話もすとんと腑《ふ》に落ちます。

当時、日本製のプリンターはアメリカで買うほうがずっと安く手に入りました。プリンターとコピーとスキャナの3つがついて、日本では15万円の商品が、アメリカでは500ドル程度で買えました。

なぜこんなことが起こったかというと、日本の企業が日系同業者間の自社製品の「シェア」を優先したからです。

大きな市場であるアメリカでの販売促進は、日系同業者のシェア競争に有利に働きます。

減価償却費の多くを日本でまかない、アメリカでは償却コストをのせずに売っていたのでしょう。すると、当然安くなります。そして同業者間のシェア競争の勝利を目指していたのです。

その結果、アメリカ人が日本製品に対して感じる評価は「日本製品は値段のわりにいいつくりをしている」というものになりました。それはそうでしょう。それだけ安くしようと努めたのですから。

ところが、ドイツ製品に対するアメリカ人の評価は違います。「ドイツ製品は高いけれど、いいものだ」という評価です。

結果的に、日本の企業はシェアを取りにいって、利潤やブランドを後回しにしてしまうことになりました。

この「シェア（偏差値）」思考は、日本ではあらゆる場面で見受けられます。身近な隣の芝生を見て、相対的な位置関係で自分の立場を確認する文化です。

日本では、東大に合格するのは約３０００人。そのうち東大に入学しない人は10人程度しかいません。もちろん一斉試験でいくつも国立大学を併願できないという理由はありますが、偏差値が一番高い大学に合格してそれを蹴る理由はないと考えるからです。
ハーバードを蹴る人はたくさんいます。毎年2000人ほどの合格者を出し、そのうち数百人が入学を辞退します。逆に、他の大学はすべて落ちたのにハーバードだけ合格したという人もいます。

時代がどんどん移りかわるとき「会社内の実績と評価」といった狭い範囲での相対的評価はほぼ意味をなさなくなります。そもそもその所属する会社自体がなくなる可能性も高いからです。

これからは狭い範囲での他者との比較ではなく**「自分はこうなりたい」という、自己をしっかり確立でき、それに向かって邁進できる人が、生き残っていける時代**になるでしょう。

まとめ　**相対評価ではなく、自分自身で評価の軸を持つ。**

価値を生むことに対価が払われる

忙しく仕事をしていると、その「忙しいこと」自体に価値があるように勘違いしてしまうことがあります。

けれども、仕事の対価は「価値を生んだ」ときに支払われるものです。あなたが「自分の時給分の価値を生み出しているかどうか」は、いつも考えておく必要があります。

ハーバード大学に赴任《ふにん》してすぐのころ、こんなことがありました。

当時はまだワープロではなく、タイプライターが主流だったのですが、そこで私は研究室のボスに提出するためのレポートを打っていました。

すると、ボスがやってきて「ユキオ、何をしているんだ?」と聞くのです。私が「あなたへのレポートを打っている」と言うと「どうして秘書に頼まないのだ? おまえの給料は、おまえが研究や教育に対して考えることに払っている。レポートを打つための給料ではない。秘書ができる業務でおまえの時間を使わないでほしい」と言われました。

確かに、私の給料と秘書の給料には大きな差がありました。私は、私の時給分の働きをしなくてはいけなかったのです。タイプライターに向かってレポートを打つことは、私の時給に課せられた「価値」を生む時間の使い方ではなかったのです。

アメリカでは、同一労働、同一業務であれば、同一賃金が支払われる考え方が定着しています。たとえ年齢がいくつであれ、同じ業務であれば、同じ報酬が支払われます。言葉を換えると、秘書と同じ仕事をしていたら、私は自分がもらっている給料分の価値を生産できていないことになります。

このできごとは、私にとって衝撃的だったので、いまでも鮮明に覚えています。これがアメリカ社会なのだと強く感じたできごとでもあります。

それからは、いかに研究の成果をあげて研究費を確保するか、どのように優秀な学生を集めることができるか、そして学生たちにどれだけ有益なゼミを展開するかに、自分の時間を割《さ》くようになりました。

日本では、自分が忙しくしているかどうかが、まず目につきます。その仕事内容はなんであれ、忙しそうに働いていれば「頑張っているな」とみなされる傾向があります。

ですが、本来であれば、**自分の時給分の価値を生み出しているかどうか**だけが、給料を払う組織にとっては重要なのだと、あの短い会話で気づかされました。

残業をしているから仕事をしている気分になっていたら、それは要注意です。

会社があなたに期待している価値を提供できること。それが、「生産者」になるという意味です。**常に自分の時給を考え、その時給以上の生産ができているかどうかを意識すること**が、その先もあなたが求められるかどうかのひとつの基準になっていきます。

ひとつ、知っておくといい数字があります。あなたの時給の計算方法です。

自分の年俸を2000で割ると、その人の時給の目安になります。年俸1000万円の人であれば、時給は5000円。年俸500万円の人であれば、時給は2500円。

年俸1000万円の人は1時間で5000円以上の価値を生み出さなくてはいけないですし、年俸500万円の人は1時間で2500円以上の価値を生み出さなくてはいけません。

それが、企業があなたを雇う意味です。

この時給を意識して、そして自分の時給を上回ることを考え、年々自分の「価値」を高めていきましょう。

まとめ　自分の時給を上回る価値を創造することを意識する。

退路を絶たない

何かひとつのことに打ち込むことは素晴らしいことですが、退路を絶ってはいけません。よく「背水の陣を敷く」という言葉がありますが、人生においては背水の陣を敷いてはいけない。玉砕《ぎょくさい》してはいけないのです。

私は、失敗したらいつでもやり直せる、つまり**退路を確保できているからこそ、ギリギリまで頑張ることができる**と考えています。

私は最初に就職した会社を3年で辞めて、大学に戻っています。

仕事を辞めて大学に戻りたいと考えるようになった私の背中を押してくれたのは、都営住宅の抽選にあたったことでした。どれだけ公害研究に思いがあったとしても、やはり現実的に食べていかなければと思っていた矢先に、六畳二間の2Kが2万1000円(もしかしたら2100円だったかもしれません)で借りられることになったのです。

そこで、とりあえず修士課程まで2年間大学院に通うことを決めました。もし、先が見えればそのまま博士課程まで進めばいいし、見えなければまたシステムエンジニアに戻ればいい。当時システムエンジニアの職は引く手あまたで、30歳までは求人があることが確認できたので、飛び込んでしまおうと思ったのです。

これもひとつの退路の確保でした。

大学院の授業料や生活費は、弟と一緒にはじめた塾の収入でまかないました。

2つ下の弟は工学部を卒業したのですが、その後医者になりたいといって医学部の試験を受けて合格しました。

ところが、私たちは20代で両親を亡くしています。ですから、医学部の学費を払うお金の出どころがありません。弟だけではなく、私自身も生活費を稼がなくてはなりません。そこで考えたのが、2人で学習塾をすることでした。

どういう塾かというと、中高一貫校の生徒だけを対象にする塾です。いまでこそ中高一貫校の数も増えていますが、当時、中学2年の時点で3年の課程まで終わっている学校はほとんどありませんでした。他の学校と授業の進み具合が違うので、一貫校の生徒は一般の塾に行けなかったのです。そこで、学校のすぐそばに、一貫校の生徒の授業進度に合わせた塾を作りました。

この塾は、最初は自分たちで教え、そしてそのうち塾の卒業生たちをスカウトしてまかせていくことになりました。中1から高3まで、各学年20人くらい、計120人の生徒を教えるそれなりに大きな塾となりました。

「いざとなったら、いつでも塾に戻って稼げばいい」という自信は、その後の私のチャレンジを支えてくれました。

国際会議でジョブハンティングをしていたときも、ハーバードに行くことになったときも、「アメリカでうまくいかなければ、日本に戻って塾をすればいい」と思えたことが、心の支えになりました。

大学に戻ったときは「いつでもシステムエンジニアに戻れる」というよりどころ、海外に渡ったときは「いつでも塾の経営に戻ればいい」というよりどころ。

この退路の確保があったことで、私は大学院でも、アメリカでも、思う存分力を発揮できたように思います。

そして、その自信は、いずれにしても「**自分は、稼ぐことができる**」という「**生産者とし**

ての自信」です。

3年だけ働いた会社と、そのあとに経営した学習塾で、私は「生産すること」の方法論を学びました。

だからこそ、毎年毎年厳しいチェックをクリアしなければ契約打ち切りになる、ハーバードのオフィサー時代を生き残れたのだと思っています。

まとめ　**いざとなったときに撤退できる退路を確保しておく。**

説明できる人になる

みなさんが世界で通用する人材になるために、もっとも大事なことはいったい何だと思いますか？

それは、**自分がやっていることを、きちんと日本語で表現できる**人間になることです。

例えば、あなたが西陣織を作っているとします。

あなたは自分が生み出しているものの価値を、自分の言葉で話し、それを作るプロセスや、自分が注意をはらっていること、工夫していることを、しっかり言語化して話せなくてはいけません。

これこそが、これからの国際社会で通用するために、もっとも大事な力です。

英語ができなくても、日本語で説明できれば十分です。あなたの日本語を英語に訳してくれる人はいくらでもいます。

もし**あなたがやっていることが本当に価値あることならば、言語は誰かが通訳してくれます**し、これから先は、機械による同時通訳機能もどんどん精度が高くなっていくことでしょょう。

でも、あなたが何を生み出しているのか、その価値は何なのかを語るのは、あなたにしかできないことです。それが、これからの社会では重要になります。

大事なのは語学ではありません。大事なのは表現することです。別の言葉で言い換えれば、**論理を説明できる人が、これからの時代に生き残ります。**

昔から日本の文化は、「背中を見て学ぶ」「芸を盗む」という考え方でした。でも、それは以心伝心が生きている、閉じた社会にだけ通じる方法論です。

今後、世界に開かれた社会に対して自分の生産したものの価値を伝えるためには「モノを見てくれればわかる」「使ってくれれば良さがわかる」では、いけません。

自分が表現しない限り、それは「ゼロ」なのです。

アメリカでは、会議で発言しない人は、参加しているとはみなされません。私は日本ですべての教育を受けたので、アメリカの教育方法をまったく知りませんでした。ハーバードに行って一番苦労したのは、自分の発言の場をどのように確保するかでした。

外国語というのは非常におもしろい性質を持っていて、最初、自分がしゃべれないときは相手がこちらに合わせた表現をしてくれるのでなんとか聞き取れるようになります。

しかし、こちらが少し上達してそれなりにしゃべれるようになると、相手は普通に話し始めるので、またその言葉が聞き取れなくなります。少しうまくなったら、また聞こえなくなる、もっとうまくなったらさらに聞こえなくなる。その繰り返しでした。

会議では、みんなが我先にと発言をして議論が進んでいきます。言いたいことがあったとしても、何と伝えようかと考えているうちに、次の議題に移っていってしまうことも多々あります。そこで尻込みしていると「あの日本人は何も発言しないから、存在価値がない」と言われてしまいます。

そこで私が編み出した方法は、会議の途中で「クエスチョン！」と大きな声を出して、議論をとめることでした。そうすると、みんながふっとこちらを見てくれるので、そこで疑問に思ったことや自分の意見を展開しました。

「発言しなければゼロ」とみなされる国際社会で、生き残るための術《すべ》を必死になって考えたからこそ生まれた方法ですが、あれはいい発見でした。

みなさんも、大事なのは「自分の言葉で説明できること」だと心得てください。
「自分はここを工夫しています」「こういう技術があります」と表現できれば、どんな国でも生き残っていけます。

まとめ

発言しなければゼロ。
「自分の言葉で説明できること」を持つ。

論理は国境を越える

私は33歳で初めて飛行機に乗り、36歳でアメリカに渡りました。

ハーバードで教えていたというと、「帰国子女だったのですか？」とよく聞かれますが、学生時代に一番苦手だった科目は英語。なぜなら、数学や物理のように、その場で考えればいいのではなく、単語を覚えなくてはいけなかったからです。辞書に書いてあることを覚えるのは、頭のメモリのムダづかいだと思っていたくらいです。

そんな自分が、ハーバードで教えることになったのは、日本社会で就職先が見つからなかったから。やむなく、国際会議で就職活動をすることになり、ハーバードからお声がかかったことは先にお話ししました。日本に就職先があれば、英語なんて面倒なものをやろうという気にはならなかったはずです。必要に迫られれば、人は何でも頑張るものです。

とはいえ、実際に大学で働くようになったら、本当に語学では苦労しました。「ユキオの英語はわからないから、アイツの授業はダメだ」と学生に言われないレベルまでは、なんとか頑張りましたが、ある段階からはそれ以上英語を勉強しなくなりました。どんなに頑張ったって、私の英語はネイティブのアメリカ人を超えません。それであれば、中身で勝てばいいのだと思ったからです。

いま私は「勝つ」という表現をしましたが、一度就職したらほぼ終身雇用の日本の国立大学とは違い、私がいたハーバード公衆衛生大学院で教え続けるためには、さまざまな場所で評価を得なければそのポジションに残ることはできませんでした。文字通り、勝ち続けなければ、次の年の収入がなくなるのです。

ハーバードでは、オフィサーである教員には「研究」と「教育」を求められますが、「研究」に関しては、教員自ら研究資金を得るために、研究助成組織にプレゼンをしたり、研究提案をしたりします。ここで研究費を得ることができなければ、自分の給料もスタッフの人件費もまかなえませんし、研究も続けられませんから、みんな必死です。逆に、安定した研究費を獲得することができれば、年俸を交渉してアップすることもできます。

「教育」、つまり学生への講義に対する給料は大学から支払われます。この講義も第三者の評価を受けます。具体的には、学生たちから評価されその評価が公開されます。いってみれば、先生の通信簿のようなものです。この通信簿で「期待はずれだった」と烙印《らくいん》をおされれば、翌年の学生の確保ができなくなります。学生が確保できなければ、当然、大学から支払われるはずの「教育」のための給料が支払われなくなります。

幸いにも、私は学生から高い評価をもらい、何度もベストティーチャーとして表彰をしてもらえていましたが、英語が苦手な私がベストティーチャーになるためには、いくつかの気づきと工夫がありました。

まず、ひとつは「**論理」は全世界の共通言語**だと気づいたことです。論理が相手の頭にすっと入ると、言葉がどんなに稚拙《ちせつ》でも伝わるとわかりました。言い換えれば、言葉というのは、論理をのせている乗り物のようなものです。だから、論理をのせるのは言葉でなくて楽譜でもいいかもしれないし、数式でもいいかもしれない。いずれにしても、論理がしっかりしていれば、相手には伝わるということに気づきました。

次にフィールドワーク中心の授業にしました。学生たちを一ヵ所に集めて難しい議論をするような語学力がこちらにないので、分割統治を狙ったのです。クラスをいくつかの班に分け、実際に現場で環境測定装置を使って測定をさせ、それぞれのグループごとに指導することにしました。立て板に水の授業はできないけれど、この方法であれば、グループごとに教授室で議論すればよかったので、私の拙《つたな》い英語でも十分対応できました。

私がハーバードの教員として成し遂げなくてはいけないことは、優秀な学生を確保し、その学生たちの知的好奇心を満足させる授業をすることでした。そう考えたら、語学は学生にフラストレーションがない程度まで学習すればいいわけです。大事なのは、論理を共通言語にすること。この考え方は、海外で活躍したい人たちにも役立つと思っています。

もちろん、流暢《りゅうちょう》な英語が使えるに越したことはありませんが、それは2番目に重要な点です。

まとめ　語学よりもさきに、論理を磨く。

会社はあなたの人生よりも短命

昔は「大きな会社に入れば定年まで安定」を信じることができた、桃源郷《とうげんきょう》のような世の中でした。

しかし、30年前に「この会社は大きな会社だから、一生安泰」と思われた会社で、いま生き残っている会社はいったい何社あるでしょうか。

20行あった都市銀行も、いま大手は、4行しかありません。JALだって経営破綻しましたし、東京電力だって大変なことになっています。これからは、大手の新聞社や出版社だって厳しいでしょうし、メーカーも同様です。

会社の寿命はせいぜい30年です。その一方で、日本は長寿の国ですから、人の寿命は80年。どう考えたとしても、会社のほうが短命で、先に潰れます。著名な会社で30年以上順調に生き残っている会社は、世界を見渡してもなかなかありません。

世界最古の会社だと言われている宮大工の金剛組《こんごうぐみ》は、1000年以上前に創業したという話ですが、そのような会社は例外中の例外です。

ということは、**会社が潰れるという前提で自分の社会人設計をする**ことが重要になってきます。

潰れたときにも生き残れるためにはどうしたらいいのか、それを常に頭の隅においておくと、80年の寿命を全うできます。

また、最近は女子学生の専業主婦希望の割合がとても高いと聞きますが、専業主婦ほどリスクの大きい職業もありません。夫の稼ぎがいつどうなるかわからないうえに、3組に1組は離婚する時代です。自分で人生の選択肢を持っていなくて、本当に大丈夫ですか？

私の家は商家でした。

戦後の混乱期をどうにか潜《くぐ》り抜け、大きく事業を広げ、私が幼いころは総檜《ひのき》造りの2階建ての大きな家に住んでいました。私は病気がちで小学校2年までほとんど学校に通えないくらいひ弱な子だったので、庭から出たことがないくらいでした。

ところが、私が中学に入るくらいのころに、景気の波に飲まれて父の会社は倒産し、それからは生活するにはお金が必要だということに直面して生きる生活になりました。

父の会社は零細《れいさい》企業でしたが、それでも連鎖倒産の話が家で出るなど、会社の命は短いものなのだと子どもなりに感じたものです。

自分が稼いで生きていくことの厳しさを感じ、どんな状況でも稼げる人間にならなくてはいけない、会社が潰れることを前提で人生を考えなくてはいけないという思いは、このときに生まれました。

日本人はこれまで、「人脈」をあまり必要としてきませんでした。けれども、企業が潰れ、リストラが当たり前になったいまの時代、働くポストは終身ではなくなりました。人生のどこかで転職をしなくてはならないことを考えると、人脈はとても大切なものです。

人脈は偏差値のようにわかりやすく目に見える指標がありません。ですから、社会人であれば「**フォロワーが何人いるか**」**を、自分の指標にする**ことをすすめます（ツイッターがフォロワーという言葉を生み出したのは実に秀逸《しゅういつ》だったと私は考えています）。

SNSの世界ではなく、**社会においてのフォロワーとは、**「**その人に興味を持ってくれる他者**」を示すと考えます。

本当に気兼ねなく議論できる相手が何人増えたか、自分の発言や行動に興味を持ってくれる人はどれくらいいるのか、自分が影響を与えることができるグループの数がいくつ増えたかというのも、ひとつの成長の指標になるでしょう。

あなたが築き上げてきた「人脈」が、あなたのキャリアを支えてくれます。

まとめ　フォロワーを意識して人脈を育てる。

第四章　持てるものの義務を果たす

新人と言われる3年間を超えたら、自分が学んだことをアウトプットして、部下や会社や世の中のために尽くせる人材を目指しましょう。

海外では、選ばれしものがその幸運を周囲に分け与えることを、「Noblesse Oblige」（持てるものの義務）と言います。

その義務を果たせる人になる道を目指します。

多様性を確保する

少し広い視野で、今後の日本について考えてみましょう。

日本という国家や日本の企業が世界的な競争を生き残るためには、いままでの日本的な事なかれ主義、終身雇用主義のメンタリティを捨て、変化していかなくてはいけないという意見があります。

しかしその前に、そもそも、日本はこれから変わっていくべきかどうかを一度しっかり議論しましょう。日本は、今後、変わっていくべきでしょうか。

変える必要がないという意見も当然あると思います。たとえば地震が起きても窃盗《せっとう》がないような社会は非常に住み心地がよい社会です。そういう住み心地のよさを大事にして、生きていこうという考え方もあります。その場合は、その住み心地をよくしている文化を共有している人たちだけで、社会を作っていく必要があります。

ただし、それを進めていったときに、国として経済を維持できるかという問題があります。

確かに、江戸時代は３００年弱の間、鎖国を行って、国家を維持してきました。しかし詳しくその３００年を見ると、江戸時代の人口は３０００万人で、ずっと人口が変わっていません。そして極端に自由を制限することで、その人口を支えてきました。

まず、寺社奉行がいたから思想の自由がありません。士農工商のシステムは、職業選択の自由がないことと同義です。人は土地から離れることができないので、居住の自由がありません。

それでも、社会で競争がないから、心地よく感じるということは可能だと思います。けれども、江戸時代のような経済生活を現代人の我々が受け入れることができるかどうかと考えると、それはやはり難しいだろうと思います。格差をなくそうとすると、おのずと低いほうに合わせることになります。

そもそも、人口を３０００万にしなくては成立しないモデルだとなると、競争のない居心地のよい世界を諦《あきら》め、経済を成長させていくしか道はないと思われます。

また、生態学的にも、変化を恐れ一枚岩でまとまると、その種《しゅ》はとても弱くなることは自明です。
多様性のない種は、そこにウイルスが入ると、同じ仲間が全部死に絶えてしまいます。気候変動に弱い種だけで一枚岩になると、気候条件が変わったときにすべてが死に絶えます。外部からの刺激だけではなく、内部から腐って崩壊する場合もあります。安定してその種が生き残るには、内部の構成は多様である必要があります。例えば気候が暑くなったらこっちのグループの勢いがよくなり、寒くなったら別のグループの勢いがよくなるというように、多様性を担保《たんぽ》することが、種の保存には重要なのです。

日本はいま、変化の時代にさらされています。大事なことは、多様な人材を確保し、多様なものの見方を受け入れる土壌です。もし、あなたが新人を卒業し、**部下を持つ立場になったら、多様な人材を受け入れる勇気を持ってください**。

そして、もうひとつ大事なことが、「**自分の中にも多様性を持つ**」ことです。

技術が進歩すると、その存在自体がなくなっていく職業があります。例えば、和文タイピストという職業についている人は、いまは一人もいないでしょう。けれども、人々が文字をタイピングして文章を書く行為はずっと続いています。

自分が消え去るほうに入るのか、残るほうに入るのか。その技術自体は生涯使えなくなったとしても、生き残るほうになるためには、自分の中にもいろいろな引き出しを持ち、多様性を育てることが大事です。

まとめ　自他ともに、多様性を育てることが、生存の道。

「指示待ち族」は上司の責任

「指示待ち族」と言われる若者が生まれてしまうのは、上司の責任です。

これは、子育てに置き換えて話をするとよくわかります。

例えば子どもが、自分で考えてAということをやったとします。そのAがうまくいかなかったときに、親が「おまえ、バカだね。最初からダメだってわかっているだろう」と言うと、子どもは素直にAをやめます。次に失敗を繰り返さないようにその子どもは一生懸命考えてBという方法を考えます。

でも、それを提示したときに「おまえ、やっぱりバカだね。Bにはこんな穴があるじゃないか」と言われると、もう嫌になってしまいます。

それでもまだ元気のいい子どもであれば、Cを考えます。そして、それもまた否定されると次に何を考えるかというと、「怒られないためにはどうしたらいいか」ということを発想するようになります。

賢い子どもはBをやめた段階で、怒られないためには親に言われたことだけをやればいいと考えます。

こうして、子どもは**人と同じ色に染まり身を守る方法を覚えていきます**。自分よりも権威のある者の言うことをそのまま実行すれば叱られないと学びます。

その権威者が、小さいころは親だったのかもしれませんが、会社に行くと、それは上司になっていきます。

上司が何かを求め、その結果に対して否定的な発言ばかりをすると、自分が否定されないように、叱られないようにするためには、上司が言ったことをやればいいと考えるようになります。その結果、部下はどんどん指示待ち族になっていきます。

少なくとも、指示されることだけをやっていれば、間違いはありません。もしそのことに対して上司から文句を言われたら、「私はそういう指示を受けたからやっただけです」と言い返せます。

子どもは親の鏡とよく言われますが、同様に、部下は上司の鏡です。

あなたが部下を否定すればするほど、彼らはあなたと同じ色に染まろうとして、指示待ち族になっていくでしょう。

それでは、自ら動ける部下を育てるためにはどうすればいいでしょうか。

それは実はそれほど難しくありません。上司は「おもしろいね、ちょっとやってみようよ」と言い続けることです。

しばらくやってみて「このへんが引っかかっている」と気づけば、そこをアドバイスすればいいし、もしうまくいっているようであれば「うまくいっているから、さらにこの方向を引きあげてみたら？」と言えば、若者はルンルンで働きます。

もしあなたに部下ができて、「最近の新人は指示しないと動かない……」と思うようになったら、自分の新入社員時代を振り返ってみてください。

彼らのモチベーションをあげるのも、さげるのも、先輩の言葉ひとつです。

まとめ

部下は自分の鏡。同調を求めるのではなく、自ら考えて行動させる。

好意的に議論をする

相手が先輩であれ後輩であれ、意見が違う人と議論をしなくてはいけないことがあります。こういうときこそ、自分を成長させるチャンスです。

もし、相手の言っていることが間違っていると思ったとしても、頭ごなしに否定してしまうと、そこでコミュニケーションは断絶されてしまいます。

塾の講師をしていた時代、最初から「ダメ」と言うと、生徒は口を閉ざしてしまうということに気づきました。口を閉ざしてしまうだけではありません。「この塾は嫌だ」と思われてしまえば、生徒数だって減ってしまいます。

たとえ教壇に立っている身であっても、相手を受け止め、そのうえで相手の言葉を引き出し、議論を深めていくことが大事だと気づいたのです。

そこで、私がすすめたいのが「部分否定」の話し方です。英語で説明するとわかりやすいと思います。「**Yes〜，but〜**」**の順に話す**のです。

まず、相手の意見のなかから良い点を見つけて、それに対して「Ｙｅｓ」と言います。そのうえで「ｂｕｔ」、つまり、ここは私と意見が違うと伝えるのです。

「君の言っていることはよくわかるよ。だけど、ここだけはちょっと考えたほうがいいかな」と指摘します。

このとき注意すべきなのは、指摘するのは、ひとつだけにすること。「ｂｕｔ」がたくさんあると、相手は話すことが嫌になってしまいます。

何かひとついいところを見つけ、そしてここはもう少しこうしたほうがよくなるかもしれないよと改善点を伝える方法だと、全体的にはポジティブな反応なのだと相手は受け止めます。そして、改善点は、とくにひとつだけをピックアップして言うと、相手に伝わりやすくなります。

「Ｙｅｓ～，ｂｕｔ～」の話し方と、「ｂｕｔ～」はひとつに絞ること。これが若い人を鍛えるときの鉄則です。

リーダーをまかされたときにもっとも大事なことは、自分自身が動きまわることではないことは、先に話したとおりです。

では、リーダーに必要な技量は何かというと、メンバーに過不足なく仕事を割り振ることと相互の連携をきちんととれるようにすることです。

部下はそれぞれ「部分」の仕事をしているので、**「全体」を俯瞰して、それぞれを連携させるのがリーダーの仕事**なのです。

そして、その連携をうまくするために、リーダーは、部下のやっていることが自分の期待している仕事の70パーセントを超えたら、合格点をあげなくてはいけません。

100パーセント思い通りなんてことは、クローンではないのですから、ありえません。もし、自分が思い描く100パーセントの成果がほしいと思うのであれば、70パーセントの成果を出せる部下を2人、その仕事にあてると、70パーセントの2倍の140パーセントの成果を期待することができます。

いずれにしても、リーダーは、部下にいいパフォーマンスをあげてもらうことが重要です。そのためにも、頭ごなしに命令したり、批判したりするのではなく、「Yes〜, but〜」の話し方で、好意的に話をすすめていきましょう。

まとめ

相手のやる気をそがない「部分否定」で話す。

た。

スモールスタートを繰り返す

指示待ち族を作らないためには、「ちょっとやってみようよ」の一言が大事だと伝えました。

日本の企業の国際競争力をあげていくには、この「ちょっとやってみる」が今後ますます重要になっていくと感じます。

なぜなら、画期的な技術や商品で世界のイニシアチブをとっていくには、なによりスピード感が大事だからです。

アメリカでは、いろいろな人にアイデアを言わせて、それらをどんどん受け入れて、気楽にスタートします。そして、それだけではなく、成果が出そうもないとわかったら、すっぱりとやめます。

スタートはいたってルーズです。「とりあえずやってみよう」。ダメなら3ヵ月か半年で「やっぱりやめよう」と言われて終了です。スモールスタートして、大きく成長しそうなら投資するし、成長しなさそうなら打ち切る。それが明確なので、どんどん新しいアイデアが出てくるのです。

一方で、日本の場合は、スタートするときは、みんなで何度も会議をやって、あらゆるシミュレーションをして入念に準備してからスタートをします。

しかも、もっと悪いことに、日本のプロジェクトはいったんスタートすると、誰も止めない。そのままでは赤字が出続けるとわかっていても、いったん会議で決めたことだからと、ずるずるとやり続ける傾向にあります。

私はいままで日本の企業ともいくつかの共同研究をしてきましたが、「これはうまくいかないです」と伝えたときに、「やめましょう」と言ってくれたのは、1社しかありませんでした。うまくいかないとわかっていても、一度走り出した列車を止められない企業があまりにも多いことがわかりました。

これでは、これからの国際競争に勝ち残れません。

やめるのには、誰かの号令が必要です。誰もそれを口に出せないのであれば、その会議で一番給料をたくさんとっている人が決断して発言するべきでしょう。決断する責任を取るために高い給料が支払われているのです。

「スモールスタートしてダメだったらすぐ撤退」のアメリカと、「入口を厳しく審査して一度スタートしたらやめない」日本。

この構図は、まさに、大学のあり方と同様です。

アメリカでは大学の入口がゆるく、そのかわり、4年間で卒業できない学生がたくさん出ます。これが常識なので、入学してから必死で勉強するし、成績が悪くて一度退学した学生にも「ここまで単位をとったらまたおいで」という敗者復活も認めています。

ところが日本は、最初から教員の数を学生の数にリンクさせてしまっているから、学生を減らすわけにいきません。学生が減ってしまうと教員の数も減らさなくてはいけないからです。そしてそのことは、結果として、大学の国際競争力を下げてしまっています。まさに、日本企業の縮図です。

大学を入口主義ではなく、出口主義にするべきなのと同様に、これからの企業はもっと、入口をルーズにして、たくさんのプロジェクトを進め、成果の出るものだけを生き残らせる出口主義になっていくべきです。

そうなっていけば、日本の優秀な頭脳はもっと開花するはずです。チャンスがあれば、その芽はもっと大きく育つはずなのです。

まとめ　まずはスタートする。うまくいかなければ、勇気を持って撤退。

「物言う若者」の重要性

出る杭は打ち、上も下も一様に真ん中に押し込める初等教育は、高度経済成長期には、大変よく機能していました。日本全体のレベルを底上げするためには、真ん中の色に染めて上にも下にも飛び出す人材を作らないことが、効果的だったのです。

しかし、その結果、現在問題視されているのは、日本が作業員国家、あるいは職人国家となってしまっていることです。

確かに日本の職人技は世界で最高レベルです。しかし、その一方で、ソフトウェアひとつとっても、OSのレベルで世界を引っぱっているソフトは、残念なことに、日本にはひとつもありません。

もちろん、部品供給国家として日本が生きていくのは、ひとつの選択だと思います。しかし、部品供給国家になるにしては、この国の賃金は高すぎます。

今後、日本が国際競争に勝ち残っていくためには、全体を中庸《ちゅうよう》にすることはもはや得策ではありません。**強いリーダーシップを持って組織をリードできる若者を育てていく必要があります。**

具体的には「**物言う若者」を受け入れ、育てることに力を注いでいく**べきです。

この本の最初で、日本の若者と、それを迎え入れる社会の2つのミスマッチについて話しました。

若い世代は空気を読んで自分の意見を発信しません。そして、上の世代はそんな若い世代を見て「最近の子たちは自己主張がない」と言います。

この双方のミスマッチを解消していくことが、お互いのパフォーマンスをあげることに直結します。

実は、若者たちに発言をさせることは、それほど難しいことではありません。

例えば、私は講演会や座談会でお話しする機会がよくあります。そこで「ご質問ありますか？」と聞いてもなかなか発言してくれる人はいませんが、一人サクラをおいて最初の質問をすると、「あ、質問してもいいのだな」と感じて、次々手があがります。

これは、若者の指導においても同様だと感じます。

みんな、心の中では話したいこと、聞きたいことをたくさん抱えています。会社では発言しない若者も、ツイッターなどでは夢中になって発信しているのです。

ですから**「ここでは、話をしても大丈夫」という空気感を作れば、若者たちも、どんどん「物言う若者」になっていきます。**

これからの時代は、「物言う若者」を受け入れられるかどうかが、国際社会で生き残っていくひとつの課題になります。

彼らを受け入れることができるようになったときに、はじめて日本でもまた活発な意見交換ができる状況が出現します。

そして、その競争に勝ち残った者が、組織のリーダーになり、企業のリーダー、ひいては日本のリーダーになっていくのではないでしょうか。

また、彼らを育てる立場にある大人たちには、もうひとつの役割があります。それは、「物言う若者」をできるだけ野放しにしつつも、必要なときは杭を打つ役割です。

目立つから杭を打つのではありません。間違った方向に進んだときにのみ、杭を打つのです。

大人は若者のプロジェクトの進むべき道を見届ける目利《めき》きであり、かつストッパーとしての役割を果たす存在であるべきでしょう。

まとめ

「物言う若者」を育てられる人になる。

リーダーになるか否かを決める

日本の首相はころころ替わるとよく揶揄されます。これはやはり、日本社会が減点主義で成立していることと無関係ではないでしょう。

任期が短いのは首相だけに限りません。

私が所属したハーバード大学では、20世紀に新たに学長に任命された人はたったの5人。平均して20年務めています。これは、経営者として際立った能力と経験を持っている人がいるならば、トラブルが起こらない限りその人に任せればいいと考えるからです。教授たちは、研究でどうやって生きていけばいいのか、それだけを考えて管理職への道は考えません。

一方で東京大学は、教授だった人が総長になっていきます。ハーバードと同じ期間に新たに総長に任命された人数は20人（事務取扱いを除く）。研究者として優れていた人が、必ずしも総長としてリーダーシップを発揮できるとは限りませんし、任期も短いので思いきった改革をするのもなかなか難しいものがあります。

織田信長や、明治維新に関わった元勲たち以降、日本で強いリーダーシップを発揮する人が生まれにくかったのは、日本のリーダーが生まれるプロセスにあります。

これまでの日本は、年功序列のもと、ある程度の年齢に達した人が自動的に管理職となってリーダーになりました。

この事実は、**リーダーが自動的に生まれてしまい、我々が意思をもってリーダーを「選択」するためのメカニズムが、圧倒的に未成熟**であることを示しています。

そして、今後の、日本にとっての大きな課題は、この「リーダーを生み出し、選択すること」になるでしょう。

どんなリーダーがトップであったとしても、それなりの成果をあげることができた高度経済成長の時代とは違い、これからの国際競争に生き残る組織や企業、国家のリーダーになる人たちは、より強いリーダーシップが求められます。リーダーの判断ひとつで、結果は大きく変わってくるからです。いまこそ、日本は、本気で若いリーダーを育てていく必要があることは自明です。

では、これからの社会を生き抜くためのリーダーにはどのような資質が必要で、私たちはどのようにリーダーを選べばいいのでしょうか。

トップダウンでリーダーを作りましょうと言っても、それはなかなかできるものではありません。

強いリーダーシップを持つリーダーをまつりあげ、上から号令をかければいいかというと、それはまったく逆です。それは、ある意味、発展途上段階の未成熟な社会と同じ構造になってしまいます。多様性が担保されません。

日本のように成熟した社会では、いわば雨後の筍《たけのこ》のように、今後、いろいろなタイプのリーダーが生まれるはずです。

そしてそれらのリーダーが、社会の中でおのずと淘汰《とうた》されていき、生き残ったものが立場を確立するというプロセスを経ていくでしょう。

言い換えれば、年齢が上だからリーダーになる、実務能力が高いからリーダーになるのではなく、人を束《たば》ねて支持を得る人がリーダーになっていくのです。

そして、**強い決定権を渡すかわりに、失敗すれば首をきられるという厳しい判断を受け入れられる人こそ、これからの時代のリーダー**と言えます。

これから日本のリーダーとして活躍する人には、強い覚悟が必要になります。競争を受け入れ、強い意志をもって組織を動かせる人には、リーダーになってもらいましょう。そして自分のペースで働きたい人には安定した雇用環境を保障しましょう。

この２つの道を選ぶことができる社会こそ、私は豊かな社会だと考えます。

まとめ　人を束ね、競争を超え、リーダーになる覚悟を持つ。

幸せを分ける人になる

もし、あなたが社会人として自分の能力を開花させて成功し、稼げる人になったのであれば、その幸運を周囲の人にも還元してください。

それが、恵まれた人の義務です。

私が勤める開成中学・高等学校の「開成」の語源は「開物成務《かいぶつせいむ》」からきています。開物成務とは、中国の古典『易経《えききょう》』にある言葉で、「人間性を開拓、啓発し、人としての務めを成す」という意味です。

わかりやすく言うと「**自分の素質を開かせて、世の人のために尽くす**」ことを指します。

私は開成に入学した生徒たちに、必ずこのように話をします。

「君たちは、勉強をする素質に恵まれている。さらに、私立の学校に入学できるわけだから、経済的な環境でも恵まれている。そして健康にも恵まれている。その3つが、三位一体で満たされているのは非常に稀《まれ》な例で、幸運としか思えない。君たちは、その幸運を人に広めていかなくてはいけません。それは、幸運を得た者が果たさなければいけない義務なのです」と。

そして、卒業する生徒たちにも、再びこの話をします。

「君たちは、たくさんの仲間に恵まれて、この学校で切磋琢磨《せっさたくま》して、結果として自分の素質を花開かせて定着させました。だからその力を使って、社会のなかで義務を果たさなくてはいけません。一番単純な義務は、きちんと給料を得ること。人様が自分に給料を払ってくれるというのは、なんらかの貢献をしていることになります。そして、自分が稼げる人になったら、その上で周囲の人に幸せを分けてあげる人になりましょう」と伝えるのです。

開成中学・高等学校も、毎年卒業生から多くの寄付を受けています。中には、先輩からの奨学金で中学、高校を卒業できたので、自分が稼げるようになったいまは、後輩に恩返しをしたいという人も多くいます。

経済的に開成で学ぶことが無理な人にもチャンスを与えたいと、卒業生の寄付を元手に、奨学金の制度を実現することもできています。

また、海外の大学を受験したいと考える後輩たちを支え、情報提供をするために、開成の

OBが「グローバル開成会」という会を作り、組織的に後輩たちをサポートしています。私自身もハーバードで働くことになったときは、先立って海外で働いている開成の先輩がずいぶん力を貸してくれました。

もちろん私も、日本の大学に入ってから海外の大学院を受験したいという後輩たちに、できる限りのアドバイスとサポートをしてきました。

私自身もそうですが、開成中学・高等学校を、本当に楽しかったと思い出す卒業生は多いようです。毎年高校の卒業式に、精勤だった生徒を表彰するのですが、今年は6年間精勤が61人いました。中学から入学した生徒は300人ですから、いつもの年と同じように約2割が精勤賞をとりました。高校3年間の精勤賞は33名、つまり高校生400名のうち100名近くが高校を無遅刻、無欠席で学校に通ってきたわけです。

それだけ、学校に通うのが楽しかったということは（そして、友達にもそう思える仲間が多かったということは）、とても幸運なことです。

もし、自分が幸運に恵まれたら、自分が得た知識や人脈、資源などを、世の人のために還元することを考えていきましょう。

あしながおじさんの例ではありませんが、大人になって、今度は自分が誰かを支えることができるという事実は、さらなる幸せを感じることができる瞬間になります。

まとめ

「持てるもの」は、世の中にその幸せを還元する。

おわりに～東大が世界のトップ大学の一つになる日

世界の大学ランキングで東大が大きく順位を下げたことはお話ししたとおりです。しかし、私は、東大が世界のトップ大学の一つになることも夢ではないと感じています。

その理由は、いくつかありますが、まず東大の教養学部の充実があげられます。東大の教養学部は、世界で一番充実しています。大学1年、2年の段階で、このレベルのリベラルアーツを学ぶことができる大学は、東大をおいてほかにはありません。世界最先端の研究施設もありますし、資金力も豊富です。

そして、何度も言及したように、日本の18歳は、世界中どこを見渡しても最高峰の知識を有しています。この才能と、東大のポテンシャルがうまくマッチすれば、東大が世界のトップ大学になることはありえます。

世界大学ランキング2015－2016

順位	大学名	国
1	カリフォルニア工科大学	アメリカ
2	オックスフォード大学	イギリス
3	スタンフォード大学	アメリカ
4	ケンブリッジ大学	イギリス
5	マサチューセッツ工科大学	アメリカ
6	ハーバード大学	アメリカ
7	プリンストン大学	アメリカ
8	インペリアル・カレッジ・ロンドン	イギリス
9	スイス連邦工科大学チューリッヒ校	スイス
10	シカゴ大学	アメリカ
26	シンガポール国立大学	シンガポール
42	北京大学	中国
43	東京大学	日本
44	香港大学	香港
47	清華大学	中国
55	南洋理工大学	シンガポール
59	香港科技大学	香港
85	ソウル大学	韓国
88	京都大学	日本

＊英タイムズ・ハイヤー・エデュケーションによる

東大が世界のトップ大学の一つになるということは、日本が再び国際競争力を取り戻すこととほぼ同義です。

多様性の担保、国際化の推進、競争原理の採用など、東大の変化は、日本社会の変化をそのまま反映するものだと考えるからです。

東大が変わるということは、社会も変わらざるをえないということであり、逆に社会が変われば東大も変わらざるをえません。

東大が世界のトップ大学になるには、いくつかのハードルがあります。

ひとつは、教員の多国籍化をはかること。文化的に異なる背景をもった人たちが指導することによって、多様なものの考え方を身につけることができます。いくら東大が日本最高学府といっても、同じアジアのシンガポール国立大学や北京大学よりランキングを下げられたのは、ひとえに国際化で遅れているととらえられたからです。

これからの時代は東大といえども、国際競争を避けては通れません。これからは、優秀な高校生が、東大を選ばずに、海外の大学を選ぶ事例も増えてくるでしょう。国際色豊かな教員に学べる環境を整えることは、まずその競争に生き残る第一歩です。

そして、もうひとつ。教授の終身雇用制も廃止するべきです。前にもお話ししましたが、東大教授は「東大卒業、東大助手、東大助教授、東大教授」という四行履歴と揶揄されることがありました。これは、終身雇用制に甘んじて、人材の動きがないことを示しています。終身雇用が廃止されれば、おのずと多種多様な教授が採用できます。学生にとって魅力のある教授がたくさんいることは、東大のランキング復活に寄与するでしょう。

世界一優秀な18歳が、今後の日本を牽引《けんいん》し、社会をリードするリーダーになっていくことを切にのぞみます。

二〇一六年七月

柳沢幸雄

柳沢幸雄

1947年生まれ。開成中学校・高等学校校長。東京大学名誉教授。開成高等学校、東京大学工学部化学工学科卒業。71年システムエンジニアとして日本ユニバック（現・日本ユニシス）入社。74年退社後、東京大学大学院工学系研究科化学工学専攻修士・博士課程修了。ハーバード大学公衆衛生大学院准教授、併任教授（在任中ベストティーチャーに数回選ばれる）、東京大学大学院新領域創成科学研究科教授を経て2011年より現職。シックハウス症候群、化学物質過敏症研究の世界的第一人者。主な著書に『東大とハーバード 世界を変える「20代」の育て方』（大和書房）、『なぜ、中高一貫校で子どもは伸びるのか』（祥伝社新書）などがある。

講談社+α《プラスアルファ》新書 738-1 C

18歳《さい》の君《きみ》へ贈《おく》る言葉《ことば》

柳沢幸雄《やなぎさわゆきお》 ©Yukio Yanagisawa 2016

2016年8月18日第1刷発行
2020年3月 6 日第2刷発行

発行者――― **渡瀬昌彦**

発行所――― **株式会社 講談社**
東京都文京区音羽2-12-21 〒112-8001
電話 編集(03)5395-3522
販売(03)5395-4415
業務(03)5395-3615

デザイン――― **鈴木成一デザイン室**

カバー印刷――― **共同印刷株式会社**

印刷――― **株式会社新藤慶昌堂**

製本――― **牧製本印刷株式会社**

本文図版――― **朝日メディアインターナショナル株式会社**

定価はカバーに表示してあります。

落丁本・乱丁本は購入書店名を明記のうえ、小社業務あてにお送りください。

送料は小社負担にてお取り替えします。

なお、この本の内容についてのお問い合わせは第一事業局企画部「＋α新書」あてにお願いいたします。

本書のコピー、スキャン、デジタル化等の無断複製は著作権法上での例外を除き禁じられています。本書を代行業者等の第三者に依頼してスキャンやデジタル化することは、たとえ個人や家庭内の利用でも著作権法違反です。

Printed in Japan
ISBN978-4-06-272952-9

講談社＋α新書

なぜ世界でいま、「ハゲ」がクールなのか
福本容子
カリスマCEOから政治家、スターまで、今や皆ボウズファッション。新ムーブメントに迫る
840円 667-1 A

2020年日本から米軍はいなくなる
飯柴智亮 聞き手・小峯隆生
米軍は中国軍の戦力を冷静に分析し、冷酷に撤退する。それこそが米軍のものの考え方
800円 668-1 C

テレビに映る北朝鮮の98%は嘘である よど号ハイジャック犯と見た真実の裏側
椎野礼仁
よど号ハイジャック犯と共に5回取材した平壌…煌やかに変貌した街のテレビに映らない嘘!?
840円 669-1 C

50歳を超えたらもう年をとらない46の法則 「新しい大人」という50+《フィフティプラス》世代はビジネスの宝庫
阪本節郎
「オジサン」と呼びかけられても、自分のこととは気づかないシニアが急増のワケに迫る!
880円 670-1 D

常識はずれの増客術
中村元
資金がない、売りがない、場所が悪い……崖っぷちの水族館を、集客15倍増にした成功の秘訣
840円 671-1 C

イギリス人アナリスト日本の国宝を守る 雇用400万人、GDP8パーセント成長への提言
デービッド・アトキンソン
日本再生へ、青い目の裏千家が四百万人の雇用創出と二兆九千億円の経済効果を発掘する!
840円 672-1 C

イギリス人アナリストだからわかった日本の「強み」「弱み」
デービッド・アトキンソン
日本が誇るべきは「おもてなし」より「やわらか頭」! はじめて読む本当に日本のためになる本!!
840円 672-2 C

三浦雄一郎の肉体と心 80歳でエベレストに登る7つの秘密
大城和恵
日本初の国際山岳医が徹底解剖!! 普段はメタボ…「年寄りの半日仕事」で夢を実現する方法!!
840円 673-1 B

回春セルフ整体術 尾骨と恥骨を水平にすると愛と性が甦る
大庭史榔
105万人の体を変えたカリスマ整体師の秘技!! 薬なしで究極のセックスが100歳までできる!
840円 674-1 B

「腸内酵素力」で、ボケもがんも寄りつかない
髙畑宗明
アメリカでも酵素研究が評価される著者による腸の酵素の驚くべき役割と、活性化の秘訣公開
840円 676-1 B

実録・自衛隊パイロットたちが目撃したUFO 地球外生命は原発を見張っている
佐藤守
飛行時間3800時間の元空将が得た、14人の自衛官の証言!! 地球外生命は必ず存在する!
890円 677-1 D

表示価格はすべて本体価格（税別）です。本体価格は変更することがあります

講談社＋α新書

書名	著者	内容	価格	番号
フランス人は人生を三分割して味わい尽くす	吉村葉子	フランス人と日本人のいいとこ取りで暮らせたら、人生はこんなに豊かで楽しくなる！	800円	702-1 A
専業主婦で儲ける！ サラリーマン家計を破綻から救う世界一シンプルな方法	井戸美枝	「103万円の壁」に騙されるな。夫の給料UP、節約、資産運用より早く確実な生き残り術	840円	703-1 D
75・5%の人が性格を変えて成功できる 心理学×統計学「ディグラム性格診断」が明かす〈あなたの真実〉	木原誠太郎×ディグラム・ラボ	怖いほど当たると話題のディグラムで性格タイプ別に行動を変えれば人生はみんなうまくいく	880円	704-1 A
10歳若返る！ トウガラシを食べて体をねじるダイエット健康法	松井薫	美魔女も実践して若返り、血流が大幅に向上!! 脂肪を燃やしながら体の内側から健康になる!!	840円	708-1 B
「絶対ダマされない人」ほどダマされる	多田文明	「こちらは消費生活センターです」「郵便局です」……ウッカリ信じたらあなたもすぐエジキに！	840円	705-1 C
熟成・希少部位・塊焼き 日本の宝・和牛の真髄を食らい尽くす	千葉祐士	牛と育ち、肉フェス連覇を果たした著者が明かす、和牛の美味しさの本当の基準とランキング	880円	706-1 B
金魚はすごい	吉田信行	かわいくて綺麗なだけが金魚じゃない。金魚が「面白深く分かる本」金魚ってこんなにすごい！	840円	707-1 D
なぜヒラリー・クリントンを大統領にしないのか？	佐藤則男	グローバルパワー低下、内なる分断、ジェンダー対立。NY発、大混戦の米大統領選挙の真相。	880円	709-1 C
ネオ韓方 女性の病気が治るキレイになる「子宮ケア」実践メソッド	キム・ソヒョン	元ミス・コリアの韓方医が「美人長命」習慣を。韓流女優たちの美肌と美スタイルの秘密とは!?	840円	710-1 B
中国経済「1100兆円破綻」の衝撃	近藤大介	7000万人が総額560兆円を失ったと言われる今回の中国株バブル崩壊の実態に迫る！	760円	711-1 C
会社という病	江上剛	人事、出世、派閥、上司、残業、査定、成果主義……。諸悪の根源＝会社の病理を一刀両断！	850円	712-1 C

表示価格はすべて本体価格（税別）です。本体価格は変更することがあります

講談社+α新書

GDP4%の日本農業は自動車産業を超える
窪田新之助
2025年には、1戸あたり10ヘクタールに!! 超大規模化する農地で、農業は輸出産業になる!
890円 713-1 C

中国が喰いモノにするアフリカを日本が救う 200兆円市場のラストフロンティアで儲ける
ムウェテ・ムルアカ
世界の嫌われ者・中国から〝ラストフロンティア〟を取り戻せ! 日本の成長を約束する本!!
840円 714-1 C

インドと日本は最強コンビ
サンジーヴ・スィンハ
天才コンサルタントが見た、日本企業と人々の「何コレ!?」——日本とインドは最強のコンビ
840円 715-1 C

血液をきれいにして病気を防ぐ、治す 50歳からの食養生
森下敬一
なぜ今、50代、60代で亡くなる人が多いのか? 身体から排毒し健康になる現代の食養生を教示
840円 716-1 B

OTAKU《オタク》エリート 2020年にはアキバ・カルチャーが世界のビジネス常識になる
羽生雄毅
世界で続出するアキバエリート。オックスフォード卒の筋金入りオタクが描く日本文化最強論
750円 717-1 C

男が選ぶオンナたち **愛され女子研究**
おかざきなな
なぜ吹石一恵は選ばれたのか? 1万人を変身させた元芸能プロ社長が解き明かすモテの真実!
840円 718-1 A

阪神タイガース「黒歴史」
平井隆司
伝説の虎番が明かす! お家騒動からダメ虎誕生秘話まで、抱腹絶倒の裏のウラを全部書く!!
840円 719-1 C

ラグビー日本代表を変えた「心の鍛え方」
荒木香織
「五郎丸ポーズ」の生みの親であるメンタルコーチの初著作。強い心を作る技術を伝授する
840円 720-1 A

SNS時代の文章術
野地秩嘉
「文章力ほんとにゼロ」からプロの物書きになった筆者だから書けた「21世紀の文章読本」
840円 721-1 C

ゆがんだ正義感で他人を支配しようとする人
梅谷薫
SNSから隣近所まで、思い込みの正しさで周囲を操ろうと攻撃してくる人の心理と対処法!!
840円 722-1 A

男が働かない、いいじゃないか!
田中俊之
注目の「男性学」第一人者の人気大学教員から若手ビジネスマンへ数々の心安まるアドバイス
840円 723-1 A

表示価格はすべて本体価格（税別）です。本体価格は変更することがあります

講談社+α新書

爆買い中国人は、なぜうっとうしいのか？
陽　陽
「大声で話す」「謝らない」「食べ散らかす」……日本人が眉を顰める中国人気質を解明する！
840円 724-1 C

キリンビール高知支店の奇跡 勝利の法則は現場で拾え！
田村　潤
アサヒスーパードライに勝つ！　元営業本部長が実践した逆転を可能にする営業の極意
780円 725-1 C

LINEで子どもがバカになる 「日本語」大崩壊
矢野耕平
感情表現は「スタンプ」任せ。「予測変換」で文章も自動作成。現役塾講師が見た驚きの実態！
840円 726-1 A

新しいニッポンの業界地図 **みんなが知らない超優良企業**
田宮寛之
日本の当たり前が世界の需要を生む。将来有望な約250社を一覧。ビジネスに就活に必読！
840円 728-1 C

運が99%戦略は1%　インド人の超発想法
山田真美
世界的CEOを輩出する名門大で教える著者が迫る、国民性から印僑までインドパワーの秘密
860円 729-1 C

全国13万人 ポーラレディ 年商1000億円 **頂点のマネジメント力**
本庄　清
絶好調のポーラを支える女性パワー！　その源泉となる「人を前向きに動かす」秘密を明かす
780円 730-1 C

人生の金メダリスト になる「準備力」 成功するルーティーンには2つのタイプがある
清水宏保
プレッシャーと緊張を伴走者にして潜在能力を100%発揮！　2種類のルーティーンを解説
840円 731-1 C

「ハラ・ハラ社員」が会社を潰す
野崎大輔
ミスを叱ったらパワハラ、飲み会に誘ったらアルハラ。会社をどんどん窮屈にする社員の実態
840円 732-1 A

偽りの保守・安倍晋三の正体
岸井成格
佐高　信
保守本流の政治記者と市民派論客が、「本物の保守」の姿を語り、安倍政治の虚妄と弱さを衝く
800円 733-1 C

一回3秒 これだけ体操 **腰痛は「動かして」治しなさい**
松平　浩
『NHKスペシャル』で大反響！　介護職員をコルセットから解放した腰痛治療の新常識！
780円 734-1 B

遺品は語る 遺品整理業者が教える「独居老人600万人」「無縁死3万人」時代に必ずやっておくべきこと
赤澤健一
多死社会はここまで来ていた！　誰もが一人で死ぬ時代に、「いま為すべきこと」をプロが教示
800円 735-1 C

表示価格はすべて本体価格（税別）です。本体価格は変更することがあります

講談社＋α新書

ドナルド・トランプ、大いに語る
セス・ミルスタイン 編
講談社 編訳
アメリカを再び偉大に！　怪物か、傑物か、全米が熱狂・失笑・激怒したトランプの"迷"言集
840円 736-1 C

ルポ ニッポン絶望工場
出井康博
外国人の奴隷労働が支える便利な生活。知られざる崩壊寸前の現場、犯罪集団化の実態に迫る
840円 737-1 C

18歳の君へ贈る言葉
柳沢幸雄
名門・開成学園の校長先生が生徒たちに話していること。才能を伸ばす36の知恵。親子で必読！
800円 738-1 C

本物のビジネス英語力
久保マサヒデ
ロンドンのビジネス最前線で成功した英語の秘訣を伝授！　この本でもう英語は怖くなくなる
780円 739-1 C

選ばれ続ける必然 誰でもできる「ブランディング」のはじめ方
佐藤圭一
商品に魅力があるだけではダメ。プロが教える選ばれ続け、ファンに愛される会社の作り方
840円 740-1 C

歯はみがいてはいけない
森昭
今すぐやめないと歯が抜け、口腔細菌で全身病になる。カネで歪んだ日本の歯科常識を告発!!
840円 741-1 B

一日一日、強くなる 伊調馨の「壁を乗り越える」言葉
伊調馨
オリンピック4連覇へ！　常に進化し続ける伊調馨の孤高の言葉たち。志を抱くすべての人に
800円 742-1 C

表示価格はすべて本体価格（税別）です。本体価格は変更することがあります